스마트한 강사가 되고 싶으신가요?
언택트(UnTact) 시대!
꼭 필요한 책!

컴맹! 스맹! 파맹! 탈출할 수 있는 절호의 기회

컴퓨터, 스마트폰, 파워포인트 모르는 사람을 위한 책

스마트한 강사를 위한 책 시리즈 1탄!

소통대학교와 SNS소통연구소가
즐거운 대한민국을 만들어갑니다!

스마트한 강사가 되고 싶으신가요?
언택트(UnTact) 시대! 꼭 필요한 책!

2010년 4월 3일부터 12년째 스마트폰 및 SNS마케팅 강의를 해오고 있는 SNS소통연구소 이종구 소장입니다.

이번에 [스마트한 강사가 되고 싶으신가요?] 책 시리즈를 2권 집필하게 된 데에는 코로나시대! 언택트 시대(UnTact)! 시대에 시니어 실버 강사들이 자료 만들고 비대면 교육 프로그램을 활용하는데 너무나 어려워하고 힘들어 하시는 모습을 현장에서 보다보니 이번에 SNS소통연구소 소속 강사님들과 전국 각지에서 활동하는 강사님들에게 조금이나마 도움을 드리고자 집필하게 되었습니다.

대한민국에서 정규직 선생님(교수포함)으로 활동하는 인구와 초중고에서 방과 후 교사로 활동하는 선생님, 민간 자격증을 취득한 후 전국 각 기관에서 강의하는 개인 강사들까지 합하면 수백만 명은 족히 될 것입니다.

일반 강사들의 경우는 1인 기업이나 다름없습니다. 1인 기업은 혼자서 자료 수집도하고 자료도 만들고 강의도 해야 하는 그야말로 멀티플레이어가 되어야 자신이 원하는 좋은 결과와 많은 수익을 창출할 수 있을 것입니다.

하지만, 12년째 강의를 해오면서 안타까운 경우들을 많이 보고 있습니다. 그 이유는 시니어 강사들의 경우 컴퓨터를 젊은 시절에 다루어 보질 않아서 노트북 사용에 대해서도 전혀 모르고 있고 스마트폰으로 업무 효율을 높일 수 있는 방법이 많은데 그 부분도 전혀 모르고 있고 파워포인트는 강의 자료를 만드는데 있어 중요한 도구인데 그것 또한 제대로 다루지 못하는 선생님들이 많은 것이 안타깝기 그지 없습니다.

조금만 시간내서 몇 번 반복해서 해보시면 대부분은 쉽게 하실 수 있는 도구 활용인데 대부분의 선생님들은 할 시간이 없고 어려워서 하기가 두렵다고 합니다.

대한민국 국민이면 대부분 고등학교는 기본적으로 공부를 마치고 대학교에서 학사, 석사, 박사까지 학위 공부까지 하신 선생님들이 많은데 컴퓨터, 스마트폰, 파워포인트 기본 활용에 대해서 미리짐작해서 어렵다고 느끼는건 무엇때문일까요?

코로나로 인해 온라인 교육이 매우 활성화되어 가고 있고 앞으로는 비대면 교육이 활성화될 수 밖에 없는 세상입니다.

전 세계적으로 수십조원의 돈이 비대면 교육에 투자되고 있고 앞으로도 엄청난 액수의 금액들이 투자될 것입니다.

자신이 강사로써 활동하고자 하는 시니어 강사들의 경우에는 더욱더 비대면 관련된 프로그램에 대해서 제대로 배우고 익혀야 할 것입니다.

단순히 비대면이라 함은 화면만 띄워놓고 강의를 하는것이라고 생각하면 쉽지만. 학부모들을 상대하고 젊은 학생들을 상대한다면 비대면 프로그램을 능숙하게 다루고 컴퓨터, 스마트폰, 파워포인트 활용에 대해서도 제대로 알고 활용하면 일의 효율성과 효과성을 극대화할 수 있을 것입니다.

시니어 실버 강사들의 경우 컴퓨터, 스마트폰 및 파워포인드 잘 하고 싶어도 그러지 못하니 자료를 검색하고 만드는데도 많은 시간이 소요됩니다.

인사말

SNS소통연구소에서는 이러한 문제점들을 해결해드리기 위해서 [**스마트한 강사가 되고 싶으신 가요? 시리즈 1, 2**]를 출간하게 되었습니다.

현업에서 강의를 하는 강사들이 직접 원고를 작성하고 검수까지 한 책입니다. 또한, 지면으로만 설명되는 것이 아니라 동영상 촬영까지 직접 해서 책 목차마다 표시된 QR-CODE를 스캔하시면 동영상 강좌도 무료로 시청하실 수 있습니다.

[**스마트한 강사가 되고 싶으신가요? 시리즈 1 – 컴맹! 스맹! 파맹!**]은 강사들이 꼭 알고 활용해야 할 컴퓨터, 스마트폰, 파워포인트 핵심 노하우를 배우고 활용할 수 있습니다.

(여기서 컴맹! 스맹! 파맹!은 컴퓨터, 스마트폰, 파워포인트를 잘 모르는 사람을 뜻합니다.)

[**스마트한 강사가 되고 싶으신가요? 시리즈 2 – 온라인 교육 플랫폼 서비스 완전히 정복하기**]는 현재 전 세계적으로 가장 많이 사용하는 줌(ZOOM) 기본 활용부터 고급 활용까지 설명하고 있습니다. 또한, 구글 미트 프로그램 활용과 다양한 온라인 교육 플랫폼 서비스 활용에 관해서 설명하고 있습니다.

[**스마트한 강사가 되고 싶으신가요? 시리즈 1 – 컴맹! 스맹! 파맹!**]은 컴맹 탈출을 위해서 컴퓨터 기초 편, 관리 편, 활용 편, 실무편으로 구성되어 초보자도 자신이 사용하는 노트북 및 컴퓨터 활용에 대해서 전문가 수준까지 업그레이드시키실 수 있습니다.

다양한 브라우저들이 있지만, 강사라면 크롬 브라우저를 사용하는 것이 편의성 차원에서 좋습니다. 하지만, 일반 강사들의 경우 크롬 브라우저 기본 활용조차도 모르는 분들이 많아 책에서 다루고 있습니다.

강사라면 꼭 알고 활용해야 할 컴퓨터 및 파워포인트 단축키 활용, 파워포인트 기본 기능 활용하기, 모르면 정말 많은 돈과 시간을 소비하는 무료 콘텐츠 사이트 제대로 활용하기, 무료로 내가 원하는 자료 찾고 수정하기, 대용량 파일도 무료로 스마트폰과 PC에서 주고받을 수 있는 방법, 자신이 강의하고 있는 화면을 녹화해서 수강생들과 공유하기, 자신이 녹화한 강의 영상 스마트폰과 PC에서 컷 편집하기, 파워포인트에서 간단하게 자신만의 프로필 만들기 등 실전에서 강사들에게 꼭 필요한 내용으로만 쉽게 따라 할 수 있도록 책을 만들었습니다.

대한민국에서 강사로 활동하고 계시는 시니어 실버 강사분들에게 이 책이 조금이나마 컴퓨터, 스마트폰, 파워포인트를 하는 데 있어 도움을 드리고 멋진 강사로 거듭나는 데 많은 도움이 되었으면 하는 간절한 바람입니다.

대표 저자 이종구 올림

저자	이종구
교육문의	010-9967-6654
소통대학교	snswork.com
유튜브 채널	스마트폰활용지도사

경력사항

현) 소통대학교 대표
현) SNS소통연구소 대표
현) ㈜다이비즈 대표이사
현) SNS상생평생교육원 원장
현) 에스엔에스소통연구소 출판사 대표
현) SNS상생신문 발행인
현) 경제지 파이낸스 투데이 종로 지국장

주요 자격사항

▶ 국내 최초(最初) 국내 최고(最高) 스마트폰 강사 및 SNS마케팅 강사 자격증
  스마트폰 활용지도사 2급 및 1급 발행인
▶ SNS마케팅 전문 지도사 발행인
▶ 유튜브 크리에이터 전문지도사 발행인
▶ 스마트워크 전문 지도사 발행인
▶ 비대면 강의 교육 전문지도사 자격증 발행인

주요 저서

▶ SNS길라잡이(2012년 5월) 외 스마트폰 및
  SNS마케팅 관련 책 32권의 책 집필 및 직접 출판

저자	이정화
교육문의	010-9490-7024
블로그	blog.naver.com/wildcat-ljh

경력사항

현) 소통대학교 부대표　　　**현)** SNS소통연구소 부소장
현) SNS상생평생교육원 부원장
현) 에스엔에스소통연구소 출판사 부대표
현) SNS상생신문 기획이사
현) 경제지 파이낸스 투데이 종로 지국 부국장

주요 자격사항

▶ 스마트폰활용지도사 2급 및 1급
▶ 유튜브 크리에이터 전문 지도사 2급 및 1급
▶ SNS마케팅 전문지도사 2급 및 1급
▶ 스마트워크 전문지도사 2급 및 1급
▶ 이미지메이킹1급 / 웃음치료사1급
▶ 비대면 강의 교육 전문지도사 1급

주요 저서

▶ 스마트폰활용지도사 길라잡이
▶ 4차 산업혁명교육에 꼭 필요한 스마트폰 활용배우기
▶ 퇴직예정자들이 꼭 알아야 할 스마트폰 활용 길라잡이
▶ 스마트폰 활용 교육전문가들이 꼭 알아야 할 지침서
  스마트폰 활용 및 SNS마케팅 관련 책 12권 집필

저자	조연주
교육문의	010-2868-5114
블로그	blog.naver.com/comit

경력사항

현) 스마트폰 활용 교육 전문강사
현) 부산 사상구청 정보화교육 강사
현) 부산 서구청 정보화교육 강사
현) 부산 코딩 강사
현) 부산 디지털 배움터 교육 강사

주요 자격사항

▶ 스마트폰활용지도사 2급
▶ 유튜브 크리에이터 2급
▶ 코딩 지도사 2급
▶ 정보처리기사 2급
▶ ITQ 엑셀 1급
▶ ITQ 한글1급
▶ ITQ 파워포인터 1급
▶ 워드프로세서 2급
▶ 컴퓨터 활용 능력 2급 외 다수
▶ 비대면 강의 교육 전문지도사 1급

저자	박소순
교육문의	010-4561-0427
블로그	blog.naver.com/spss88512

경력사항

현) SNS 소통연구소 부산 사상구 지국장
현) 소통대학교 SNS마케팅 및 스마트폰활용 교육 전문강사
현) SNS상생평생교육원 정보화 교육 전문 강사
현) 부산 사상구청 정보화교육 강사
현) 부산 여성문화회관 스마트폰 활용 강사
현) 부산 코딩 강사
현) 부산 디지털 배움터 교육 강사

주요 자격사항

▶ 스마트폰활용지도사1급
▶ 미디어크리에이터
▶ 코딩 지도사 2급
▶ ITQ 엑셀 1급
▶ ITQ 한글 1급
▶ ITQ 인터넷 1급
▶ 워드프로세서 2급
▶ l컴퓨터 활용 능력 2급 외 다수
▶ 비대면 강의 교육 전문지도사 1급

주요 저서

▶ 스마트폰강사 박소순강사와 함께하는 신나는 스마트폰 활용 교육 지침서
▶ 나만 알고 싶은 유튜버 되기 노하우

저자	한덕호
교육문의	010-8831-0034
블로그	blog.naver.com/dhhan5830

경력사항

현) 소통대학교 관리본부장
현) SNS 소통연구소 스마트폰 및 SNS마케팅 교육 전임강사
현) SNS상생평생 교육원 유튜브크리에이터 강사
현) 에스엔에스소통연구소 출판사 기획 이사
전) 대일해운항공㈜ 대표이사
전) 진로 재팬㈜ 사장   **전)** ㈜ 진로 영업관리,마케팅 담당임원

주요 자격사항

▶ 스마트폰활용지도사 2급 및 1급
▶ 유튜브 크리에이터 전문지도사 2급 및 1급
▶ SNS마케팅 전문지도사 2급 및 1급
▶ 스마트워크 전문지도사 2급 및 1급
▶ 비대면 강의 교육 전문지도사 1급

주요 저서

▶ 똑똑한 신중년이 되기위한 스마트폰 활용 길라잡이
▶ 재취업및 창업희만자들이 꼭 알아야할 스마트폰 활용
   비법 외 총 4권 집필

저자	손희주
교육문의	010-2421-6990
블로그	Blog.naver.com/heeju531

경력사항

현) SNS소통연구소 관악구 지국장
현) SNS소통연구소 스마트폰 교육 전임강사
현) 소통대학교 스마트 소통 봉사단 교육 강사
현) SNS상생평생 교육원 SNS마케팅 강사
현) 서초구립느티나무쉼터 스마트폰 활용교육 강사
현) 분당노인종합복지관 유튜브 크리에이터교육 강사
현) 태평3동복지회관 스마트폰 활용교육 강사
현) 철산2동행정복지센터 스마트폰 활용교육 강사

주요 자격사항

▶ 스마트폰활용지도사 2급 및 1급   ▶ 유튜브 크리에이터 전문 지도사 1급
▶ 스피치지도사   ▶ 사회복지사 2급
▶ 미술심리상담사 1급   ▶ 실버인지전문가 1급 /뇌건강지도사1급
▶ 웃음레크레이션지도사   ▶ 비대면 강의 교육 전문지도사 1급

주요 저서

▶ 어르신들을 위한 스마트폰 활용 교육 지침서
▶ 업무효율 200% 올려주는 스마트워크 시스템 구축 길라잡이
▶ SNS마케팅 쉽게 따라하기

저자	이월례
교육문의	010-9063-1465
블로그	blog.naver.com/joinart21

경력사항

현) SNS소통연구소 의정부 지국장
현) SNS소통연구소 스마트폰 교육 강사
현) 소통대학교 스마트 소통 봉사단 활동
현) SNS상생평생교육원 블로그 교육 강사
현) 조인아트 내뷰

주요 자격사항

▶ 스마트폰활용지도사 2급 1급
▶ 유튜브 크리에이터 전문지도사 1급
▶ ITQ 정보기술자격 한글, 파워포인트
▶ 비대면 강의 교육 전문지도시 1급

주요 저서

▶ 신나는 교육전문 강사와 함께하는 신나는 스마트폰 교육
▶ 누구나 쉽게 따라하는 유튜브 크리에이터 교재
▶ 업무효율 200% 올려주는 스마트워크 시스템 구축 길라잡이

저자	전윤이
교육문의	010-9184-9311
블로그	blog.naver.com/eduforu0503

경력사항

현) SNS소통연구소 노원구 지국장
현) 미디어큐레이터 연구소 대표
현) 소통대학교 SNS마케팅 전임 강사
현) 유튜브 크리에이터 전문 강사
현) SNS마케팅 및 스마트워크 전문 교육
현) 공공기관, 학교, 기업체 SNS 교육
현) 소상공인 빛 창업자 SNS 교육
현) 비대면 교육 전문 강사

주요 자격사항

▶ 스마트폰활용지도사 1급 ▶ 유튜브 크리에이터 전문 시노사 1급
▶ SNS마케팅 전문가 1급   ▶ 정보기기운용기능사 / 워드프로세시 1급
▶ 비대면 강의 교육 전문지도사 1급

주요 저서

▶ 교육 전문 강사와 함께하는 신나는 스마트폰 활용 교육
▶ 전윤이가 알려드리는 스마트폰 활용 비법
▶ 유튜브 신중년의 놀이터가 되다
▶ 스마트폰 활용 교육 전문가들을 위한 책 길라잡이

저자	조환철
교육문의	010-3735-9002
블로그	blog.naver.com/topazcho

경력사항

현) 소통연구소 부산 연제 지국장
현) 소통연구소 스마트폰 활용 전문 강사
현) 소통봉사단 스마트폰 활용 교육 강사
현) 드론 교육 강사 (조종, 촬영)
전) 종합복지관 스마트폰 활용 교육 강사

주요 자격사항

▶ 스마트폰활용지도사 1급, 2급
▶ 한국코치협회 인증코치 (KPC)
▶ 초경량 비행장치 조종자격
▶ 가족심리 상담사, 기질상담사
▶ 비대면 강의 교육 전문지도사 1급

저자	이서영
교육문의	010-5704-0611
Insta	l.seoyoung93

경력사항

현) 라온제나 스피치 강사
현) 비전트리컨설팅 교육매니져
현) 한국기업산업안전협회 강사
전) 킹스스피치 강사
전) 서울경제TV 방송기자
전) JTBC 오늘굿데이 PD
전) MBC 생방송 오늘아침 PD
전) 코리아스픽스 퍼실리테이터

주요 자격사항

▶ 중등교사 정교사 2급
▶ 스피치 지도사 1급
▶ 어린이 스피치 지도사
▶ 스마트폰 활용 지도사
▶ 비대면 강의 교육 전문지도사 1급

저자	문정임
교육문의	010-6210-8375
블로그	smartwonder.kr

경력사항

현) SNS소통연구소 강서구 지국장
현) SNS상생평생교육원 SNS교육강사
현) 소통대학교 스마트폰 활용 교육 전문 강사
현) 파이낸스 투데이 경제 신문 기자
현) 소통대학교 소통 봉사단
현) 에스엔에스소통연구소 출판 편집 위원
현) 한국정보화진흥원 디지털강사
현) 노량진 본동 사회복지관 스마트폰 강사
현) 고양시 행정복지센터 스마트폰 강사

주요 자격사항

▶ 스마트폰 활용지도사 2급 및 1급
▶ 유튜브 크리에이터 전문지도사 2급 및 1급
▶ 파이낸스 투데이 기자 ▶ 비대면 강의 교육 전문지도사 1급

주요 저서

▶ 스마트폰 교육전문가와 함께하는 즐거운 스마트폰 활용
▶ 스마트폰 교육전문 강사와 함께하는 신나는 스마트폰 교육
▶ 유튜브! 신중년의 놀이터가 되다!

저자	공혜경
교육문의	010-5625-4739
블로그	blog.naver.com/ghg4739

경력사항

현) 소통공감행복연구소 소장
현) 스마트폰 활용 교육강사
현) SNS 마케팅 교육강사
현) 디지털배움터 서포터즈
현) 부모교육강사
현) 교육지원청 전래놀이컨설팅장학 강사
현) 전남인재개발원 교육강사
전) 지방행정공무원

주요 자격사항

▶ 스마트폰활용지도사 1급
▶ 언론홍보관리사
▶ 프리젠테이션 전문가
▶ ITQ정보기술자격 한글, 파워포인트
▶ 워드프로세스 2급
▶ 컴퓨터활용능력외 다수
▶ 비대면 강의 교육 전문지도사 1급

스마트한 강사가
되고 싶으신가요?
언택트 시대! 꼭 필요한 책!

스마트한 강사를 위한 책 시리즈 2탄!

스마트한 강사를 위한 길라잡이

온라인 교육 플랫폼 서비스 완전정복하기!

Change -> Chance

변화되고자 하면 기회가 옵니다!

SNS소통연구소

본 국가인건자격증은 「국가 민간 자격 기본법」
제 17조에 따라 미래창조과학부장관이 승인하고
한국직업능력 개발원장이 발행합니다.

★ 스마트폰 활용지도사 1급
– 해당 등급의 직무내용
초/중/고/대학생 및 성인 남녀노소 누구에게나 스마트폰 활용 교육 및 SNS마케팅 교육을 실시 할 수 있습니다.
학생들뿐만 아니라 일반 성인들의 스마트폰 중독에 대한 예방 교육을 실시할 수 있습니다.
1인 기업 및 소기업이 스마트워크 시스템을 구축하는데 필요한 제반사항을 교육할 수 있습니다.
개인 및 소기업이 브랜딩 전략을 구축하는데 있어 저렴한 비용을 들여 브랜딩 및 모바일마케팅 전략을 구축할 수 있도록
필요한 교육을 할 수 있습니다.

★ 스마트폰 활용지도사 2급
– 해당 등급의 직무내용
시니어 실버분들에게 스마트폰 활용교육을 실시 할 수 있습니다. 개인 및 소기업이 모바일마케팅 전략을 구축하는데 있어
기본적인 교육을 할 수 있습니다.

★ 스마트폰 활용지도사 자격증에 대해서 아시나요?
(과학기술정보통신부가 검증하고 직업능력개발원이 관리하는 스마트폰 자격증
취득에 관심 있으신 분들은 살펴보세요)

★ 상담 문의 : 이종구 010-9967-6654
E-mail : snsforyou@gmail.com
카톡 ID : snsforyou

★ **시험 일시 :** 매월 둘째주,넷째주 일요일 5시부터 6시까지 1시간.
★ **시험 과목 :** 2급 : 스마트폰 활용 분야, 1급 : SNS마케팅 분야
★ **합격점수 :** 1. 1급 – 80점 이상(총 50문제 각 2점씩 100점 만점에 80점 이상)
　　　　　　　 2. 2급 – 80점 이상(총 50문제 중 각 2점씩 100점 만점에 80점 이상)

★ 시험대비 공부방법
1. 스마트폰 활용지도사 길라잡이 책 구입 후 공부하기.
2. 정규수업 참여해서 공부하기.
3. 유튜브에서 [스마트폰 활용지도사] 검색 후 관련 영상 시청하기

★ 시험대비 교육일정
1. 매월 정규 교육을 SNS소통연구소 전국지부에서 실시하고 있습니다.
2. 스마트폰 활용지도사 SNS소통연구소 블로그(blog.naver.com/urisesang71) 참고하기.
3. 소통대학교 사이트 참조(www.snswork.com)
4. NAVER 검색창에 〈SNS 소통연구소〉라고 검색하세요!

★ **시험 응시료** 3만원
★ **자격증 발급비** 7만원
1. 일반 플라스틱 자격증.
2. 종이 자격증 및 우단 케이스 제공.
3. 스마트폰 활용지도사 강의자료
　 제공비 포함.

★ 스마트폰 활용지도사 자격증 취득시 혜택
1. SNS상생평생 교육원 스마트폰 활용 교육 강사 위촉.
2. SNS소통연구소 스마트폰 활용 교육 강사 위촉.
3. SNS 및 스마트폰 관련 자료 공유.
4. 매월 1회 세미나 참여(정보공유가 목적).
5. 향후 일정 수준이 도달하면 기업체 및 단체 출강 가능.
6. SNS 상생신문 기자 자격 부여.
7. 그외 다양한 혜택 수여.

유튜브 크리에이터 전문 지도사 시험

매월 1째,3째 일요일
오후 5시부터 6시까지

유튜브 크리에이터 전문 지도사가
즐거운 대한민국을 만들어갑니다!

- **자격명 : 유튜브 크리에이터 전문 지도사 2급 및 1급**

- **자격의 종류 : 등록(비공인) 민간자격**

- **등록번호 : 제 2020-003915 호**

- **자격 발급 기관 : 에스엔에스소통연구소**

- **총 비용 : 100,000원**

- **환불규정**
  ①접수마감 전까지 100% 환불 가능
  ②검정 당일 취소 시 30% 공제 후 환불 가능

- **시험문의**
  SNS 소통연구소 이종구 소장 : 010-9967-6654
  소통대학교 직통전화 : 010-9793-3265

CONTENTS

1강 || 컴퓨터 활용 제대로 하기

학습포인트 : 컴퓨터 기초편

1 사용자 계정관리 이름변경하기

사용자 계정은 다수의 사용자가 컴퓨터를 사용하는 경우 각 사용자마다 Windows 설정을
다르게 지정하여 자신민의 컴퓨터로 사용하는 것서럼 하는 기능을 말합니다. 그럼, 지금부터
사용자 계정의 이름 변경하는 방법에 대해 알아보도록 하겠습니다.

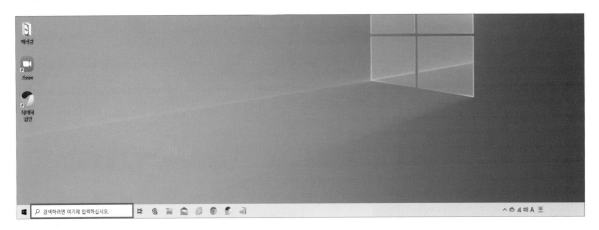

1 바탕화면 왼쪽 아래 [검색창]을 클릭합니다.

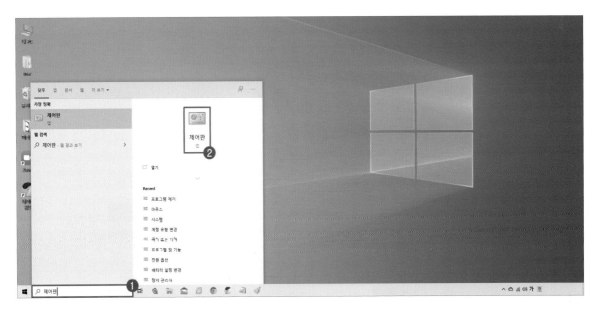

1 검색창에 커서가 깜빡깜빡하게 되면 ①[제어판]을 입력합니다.
②위쪽 또는 오른쪽의 [제어판]을 클릭합니다.

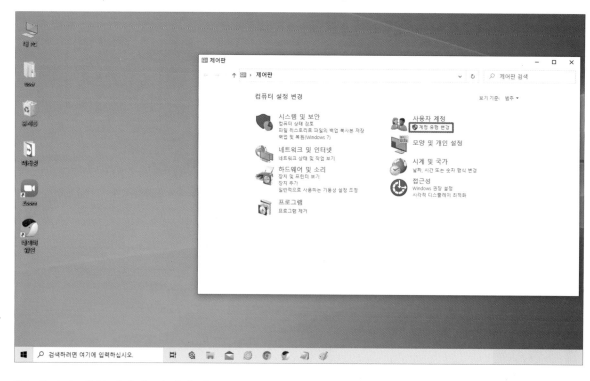

1️⃣ 제어판 대화상자가 나타나면 오른쪽 사용자 계정 아래 [**계정 유형 변경**]을 클릭합니다.

1️⃣ 변경할 사용자 선택 아래의 [**로컬 계정**]을 클릭합니다.

2️⃣ 계정 변경 아래의 [**계정 이름 변경**]을 클릭합니다.

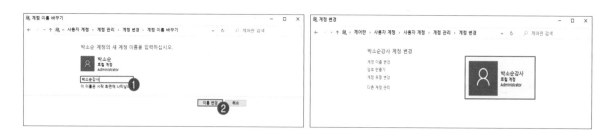

1️⃣ 계정 이름 바꾸기 대화상자창이 나타나면 ①입력창에 [**변경하고자 하는 이름**]을 입력한 다음

②[**이름 변경**]을 클릭합니다.

2️⃣ 사용자 계정이 변경된 것을 확인 할 수 있습니다.

뉴미디어 마케팅 교육 및 출판 전문 기관 SNS소통연구소

② 윈도우10 바탕화면 배경 변경하기

Windows10을 사용하다보면 파란화면이 아닌 자신이 원하는 사진이나 색상으로 바꾸고 싶을 때가 가끔 있습니다.
Windows10에서 기본적으로 제공하는 사진으로 변경만해도 멋진 바탕화면으로 꾸밀 수 있고, 단색으로 깔끔하게 변경도 가능합니다. 그럼 지금부터 바탕화면 배경 변경하는 방법에 대해 알아보겠습니다.

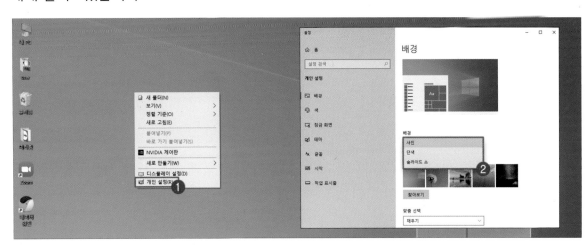

1️⃣ 바탕화면 아이콘이 없는 빈 화면에 마우스 오른쪽을 클릭한 다음 나온 메뉴 중에서

①[개인 설정(R)]을 클릭합니다. [설정] - ②[배경] 변경하는 3가지 방법이 나옵니다.
[사진] - 윈도우에서 기본적으로 제공하는 5장의 사진 혹은 컴퓨터에 저장된 사진을 찾아 보기 이용하여 변경할 수 있습니다.
[단색] - 윈도우에서 제공하는 여러 가지 색 중에서 한가지 색을 선택하여 변경할 수 있습니다.
[슬라이드 쇼] - 사진이 있는 폴더를 지정하면 바탕화면에서 여러 장의 사진을 일정한 시간 간격으로 바뀌면서 나타납니다.

CHECK 리스트

▣ ①[사진]을 클릭합니다. 사용자 사진 선택 아래의 사진 중에 ②[가운데 사진]을 클릭합니다. 바탕화면의 배경이 선택한 사진으로 변경된 것을 확인할 수 있습니다.

❸ 새 폴더 만들고 파일 정리하기

컴퓨터에 사진이나 문서 등 많은 파일들을 효과적으로 관리하기 위해서 폴더를 만듭니다. 그럼, 지금부터 파일과 폴더를 방법에 대해 알아보도록 하겠습니다.

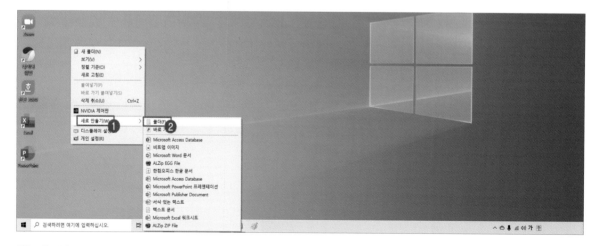

▣ 바탕화면 아이콘이 없는 빈화면에 마우스 오른쪽을 클릭한 다음 나온 메뉴 중에서
①[새로만들기]에 마우스 올려두면 오른쪽에 하위 메뉴가 나타납니다.
②[폴더(F)]를 클릭합니다.

TIPS 메뉴 중 제일 상단에 [새 폴더]가 있는 경우에 [새 폴더]를 클릭하여도 됩니다.

1️⃣ 새로 나온 폴더에 있는 이름 [**개개비**]을 삭제합니다. 본인이 원하는 폴더 이름을 입력합니다.

TIPS 폴더 이름에는 ₩ / : * 〈 〉 | 같은 문자는 사용할 수 없습니다.

1️⃣ 폴더에 보관 할 아이콘들을 선택합니다. (예 : 한글2020, Excel, PowerPoint등)을 선택합니다.
선택한 아이콘에 마우스를 올린 다음 [**프로그램 폴더**]로 드래그합니다.

1️⃣ 프로그램 폴더 내에 아이콘들이 추가된 것을 확인할 수 있습니다.

4 특수문자 쉽고 빠르게 활용하기

특수문자를 입력하기 위해 한글의 '자음'과 한자키'를' 조합하여 만들었습니다.
예를 들어 ★를 만들 때는 [ㅁ + 한자키]를 사용하였지만, **Windows10**에서는 보다 간편하면서
다양한 이모티콘을 추가하기 위해 win키 + .(마침표)를 사용합니다.

그럼, 지금부터 특수문자 쉽게 활용하는 방법에 대해 알아보겠습니다.

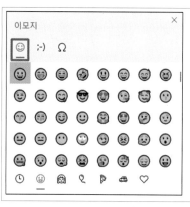 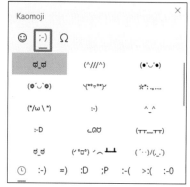 

1️⃣ 문서를 열어서 단축키인 win키 + .(마침표) 또는 win키 + ;(세미콜론)키를 이용하여
이모지, 카모지, 기호에서 원하는 모양을 선택하여 사용할 수 있습니다.

CHECK 리스트

5 화면분할 및 윈도우 창 변경하기

화면분할은 하나의 모니터 화면에 여러 개의 프로그램이나 앱들을 배치해서 작업의 효율성을 높일 수 있는 정말 유용한 기능이라고 할 수 있습니다.

화면분할하는 방법은 예전에는 마우스로 일일이 크기를 조절하며 맞추었지만 키보드로 간단히 분할할 수 있습니다.

그럼 윈도우키와 방향키를 사용하여 화면분할 및 윈도우 창을 변경하는 방법에 대해 알아보도록 하겠습니다.

1️⃣ 키보드 아래의 윈도우키와 오른쪽 방향키 4개를 이용하여 화면분할을 할 수 있으며 4개 까지 분할이 가능합니다.

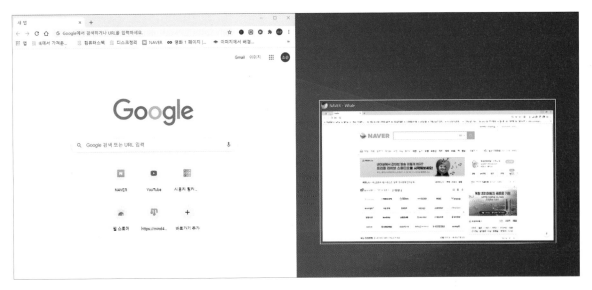

1️⃣ [윈도우 키 + 방향키 ⬅]를 동시에 눌러주면 Chrome 창의 크기가 ½로 축소되면서 왼쪽으로 배치되었습니다.

뉴미디어 마케팅 교육 및 출판 전문 기관 SNS소통연구소

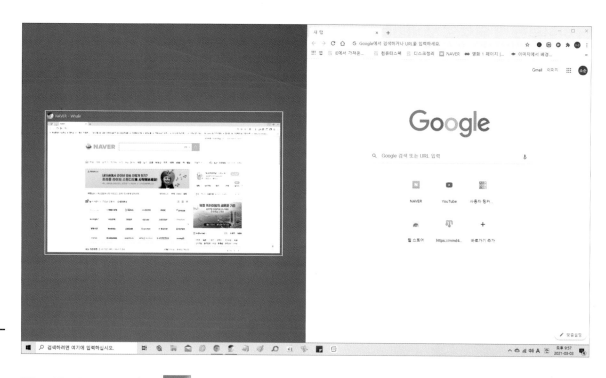

1 [윈도우 키 + 방향키 ➡]를 동시에 눌러주면 Chrome 창의 크기가 ½로 축소되면서 오른쪽으로 배치되었습니다.

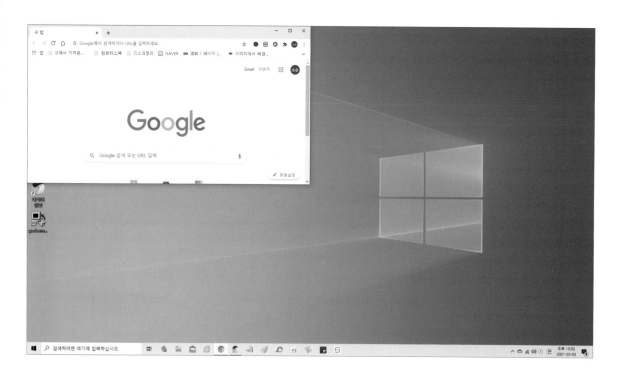

1 [윈도우 키 + 방향키 ⬅ ⬆]를 눌러주면 Chrome 창의 크기가 정확하게 ¼로 축소 되면서 왼쪽 상단에 배치되었습니다.

TIPS 윈도우 화면분할 단축키 정리하면,

㉠ 윈도우 키 + ← : 선택한 창을 왼쪽으로 배치 (전체화면의 ½)

㉡ 윈도우 키 + → : 선택한 창을 오른쪽으로 배치 (전체화면의 ½)

㉢ 윈도우 키 + ↑ : 선택한 창을 전체화면으로

㉣ 윈도우 키 + ↓ : 선택한 창을 이전화면으로

㉤ 윈도우 키 + D : 전체 창을 최소화 (다시 윈도우 키 + D 누르면 복구)

㉥ 윈도우 키 + ← ↑ : 선택한 창을 왼쪽상단에 배치 (전체화면의 ¼)

㉦ 윈도우 키 + → ↑ : 선택한 창을 오른쪽상단에 배치 (전체화면의 ¼)

㉧ 윈도우 키 + ← ↓ : 선택한 창을 왼쪽하단에 배치 (전체화면의 ¼)

㉨ 윈도우 키 + → ↓ : 선택한 창을 오른쪽하단에 배치 (전체화면의 ¼)

💬 **화면분할이 되지 않을 때**

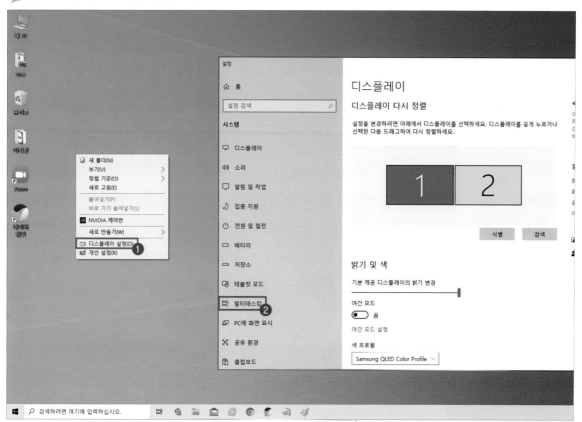

1️⃣ 바탕화면 아이콘이 없는 빈화면에 마우스 오른쪽을 클릭한 다음 나온 메뉴 중에서

①[**디스플레이 설정(D)**]을 클릭합니다. ②설정 – 시스템 메뉴 중에서 [**멀티태스킹**]을 클릭
합니다.

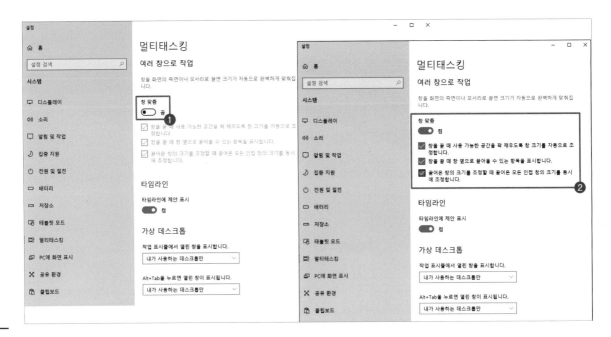

1️⃣ 멀티태스킹 여러 창으로 작업할 수 있는 ①[**창 맞춤 끔**]을 클릭해서
②[**창 맞춤 켬**]으로 활성화시켜 줍니다.

학습포인트 : 컴퓨터 활용편

6️⃣ Windows10 클립보드 활용하기

Windows10에서 복사하거나 잘라낸 항목은 붙여넣을 수 있게 클립보드에 복사됩니다.

나중에 사용하기 위해 여러 항목을 클립보드에 저장하게 되는데 이때 일반적인 **Ctrl** + **V** 키만 눌러서는 복사된 내용이 나오지 않습니다. 이전에 저장되었던 기록을 보기 위해서는 win키 + **V** 키를 눌러 검색 기록을 확인하고, 붙여넣기를 해야 합니다. 하지만 클립보드 검색 기록이 꺼져있는 경우도 있으니, 꼭 확인하여야 합니다. 그럼, 지금부터 클립보드 사용하는 방법에 대해 알아보겠습니다.

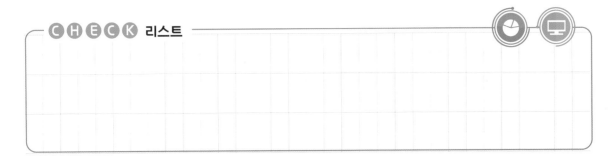

CHECK 리스트

1 ①[**시작버튼**]을 클릭한 다음 나온 메뉴 중에서 ②[**설정 (톱니바퀴 모양)**]을 클릭합니다.
③설정 창이 나오면 [**시스템**]을 클릭합니다. 시스템에는 디스플레이, 소리, 알림, 전원을 설정
하는 곳입니다.

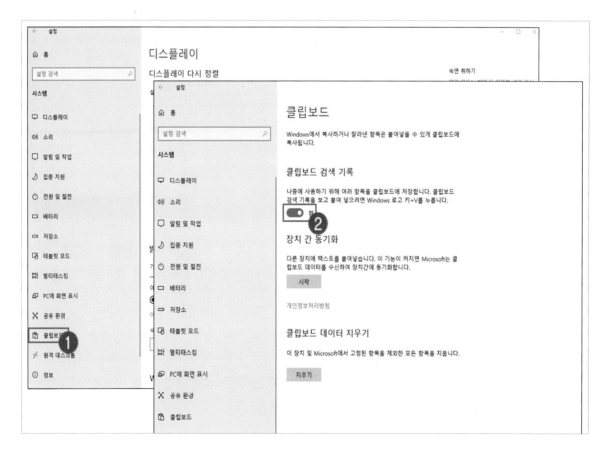

1 설정 > 시스템창이 나오면 왼쪽의 ①[**클립보드**]를 클릭합니다. 클립보드 설정에서 클립
보드 검색 기록의 ②[**켬**]을 클릭해서 활성화시켜 줍니다.

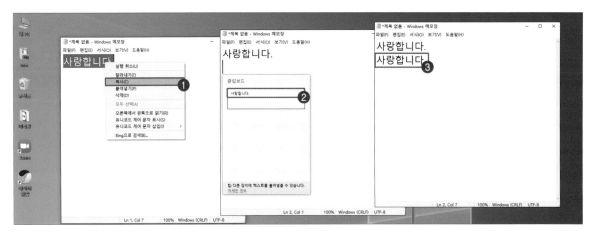

1 메모장을 실행합니다. [**사랑합니다**]를 입력한 다음 마우스 오른쪽을 클릭해서

①[**복사(C) 또는 Ctrl + C 키**]를 눌러 줍니다. [win키 + V 키]를 누르면 클립보드

내에 글 중에서 ②[**사랑합니다**]를 클릭합니다. ③클립보드에 [**사랑합니다**] 내용이 자동으로

입력되었습니다.

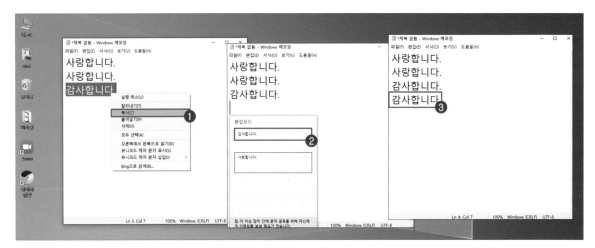

1 [**감사합니다**]를 입력한 다음 마우스 오른쪽을 클릭해서 ①[**복사(C) 또는 Ctrl + C 키**]를

눌러 줍니다. [win키 + V 키]를 누르면 클립보드 내에 글 중 ②[**감사합니다**]을 클릭합니다.

③클립보드에 있는 내용이 붙여졌습니다.

TIPS 클립보드의 글 오른쪽 위 […]를 클릭하면 삭제, 고정, 모두 지우기가 나타납니다.

고정은 컴퓨터를 껐다 켜도 복사된 내용이 그대로 남아있습니다.

그리고 클립보드는 최대 25개까지만 저장됩니다.

⑦ 단축키로 화면 일부 캡처하기

일반적인 화면캡쳐는 Prtsc(프린트스크린)키를 이용하여 전체화면을 캡쳐하는 방법을 많이 활용합니다.

이 방법은 캡쳐한 화면을 별도의 다른 프로그램으로 불러와 한번 더 작업을 해야 하는 하는 번거로움이 생기게 되지만 Windows10을 사용하는 user라면 화면의 일부만 지정해서 캡쳐할 수 있는 단축키, Windows 키 + **Shift** + **S** 를 이용하면 간편하게 사용할 수 있습니다. 사각형을 그리고 원하는 만큼 캡쳐할 수 있고 원하는 모양으로 바로 저장할 수 있어서 간편합니다.

사진이나 특정부분만 복사하고 싶을 때 사용하면 아주 좋은 단축키라 꼭 외워두고 필요할 때 바로 이용하면 됩니다. 그럼, 지금부터 화면 일부 캡처하는 방법에 대해 알아보겠습니다.

1️⃣ 바탕화면의 Chrome을 실행한 다음 [Windows 키 + **Shift** + **S** 키]를 누릅니다. 전체화면이 회색으로 바뀌면서 상단에 [캡처 영역 아이콘]이 나타납니다.

1️⃣ 마우스 모양이 [+]으로 바뀌면 드래그해서 [**영역**]을 선택합니다. 복사된 사진은 그림판이나 포토샵 등에 붙여넣기해서 저장하면 됩니다.

⑧ Windows10 화면 캡쳐 프로그램활용하기

캡쳐 도구는 Windows10이라면 기본적으로 설치되어있는 프로그램으로 따로 설치할 필요는 없으며, 단축키 없이 사용하는 프로그램입니다. 그럼, 지금부터 캡쳐 도구 사용하는 방법에 대해 알아겠습니다.

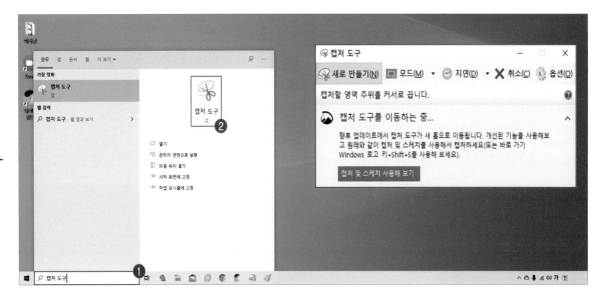

1 바탕화면 왼쪽 아래 [검색창]을 클릭한 다음 커서가 깜빡깜빡하게 되면 ①[캡쳐 도구]를 입력합니다. ②오른쪽의 위 [캡쳐 도구]를 클릭하면 오른쪽 캡쳐 도구창이 나타납니다.

1 캡쳐 도구 실행화면입니다. ①[모드]를 클릭하면 자유형, 사각형, 창, 전체 화면 캡쳐가 있습니다.
그 중 원하는 캡쳐 도구 [사각형 캡쳐]를 클릭합니다.

① 전체화면이 하얀색으로 바뀌면 캡처할 영역을 선택합니다.

위 사진과 같이 [**빨간색 사각형 테두리**] 생깁니다.

① 캡처 도구에 내가 선택한 이미지가 맞는 지 확인한 다음 [**저장**]을 클릭합니다.

⑨ 브라우저 화면 넓게 사용하는 방법 알아보기

인터넷을 사용하면서 화면을 좀 더 넓게 사용하기 위해 상단의 탭이니 주소 줄, 작업표시줄 등 숨기기 기능을 이용해 예전에는 보이지 않게 하였습니다. 하지만 지금은 브라우저에 전체 모드 혹은 전체화면이 있어 좀 더 편하게 화면을 넓게 사용할 수 있습니다.

단축키를 이용해서 좀 더 간단하게 화면을 넓게 사용할 수 있는데 바로 키보드의 **F11** 키 입니다. 그럼, 지금부터 노트북 화면 넓게 사용하는 방법에 대해 알아보겠습니다.

뉴미디어 마케팅 교육 및 출판 전문 기관 SNS소통연구소

1 인터넷 익스플로러, Chrome을 실행한 다음 키보드의 [F11 키]를 누르면 왼쪽의 빨간색으로 표시된 부분이 없어지면서 화면이 넓어집니다.

10 노트북 터치패드 잠그기

노트북의 터치패드는 마우스를 대신해서 커서를 이동하거나 프로그램을 실행할 때 사용합니다. 간혹 터치패드를 터치하거나 움직였는데도 커서가 꿈쩍도 하지 않을 때가 있습니다. 이는 고장이 아니라 터치패드가 잠겨있는 경우입니다. 그럴 경우 키보드의 fn 키와 F5 키를 눌러주면 잠금 혹은 켜짐으로 변경됩니다. 그럼, 지금부터 노트북 터치패드 잠그는 방법에 대해 알아보겠습니다.

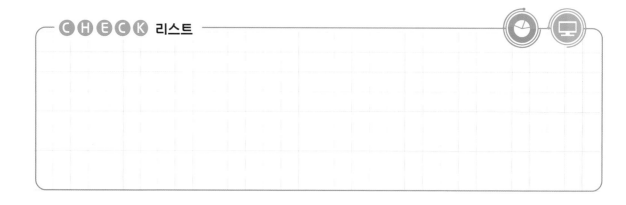

CHECK 리스트

💬 키보드로 터치패드 잠그기

1️⃣ 키보드의 [fn (펑션) 키와 F5 키]를 동시에 누르면 터치패드가 잠겨지고 다시 한번 더 누르면 잠금이 해제됩니다.

💬 설정에서 터치패드 잠그기

1️⃣ ①[시작버튼]을 클릭한 다음 나온 메뉴 중에서 ②[설정 (톱니바퀴 모양)]을 클릭합니다. ③설정 창이 나오면 [장치]를 클릭합니다. 장치에는 Bluetooth, 프린터, 마우스 등의 장치를 설정하는 곳입니다.

CHECK 리스트

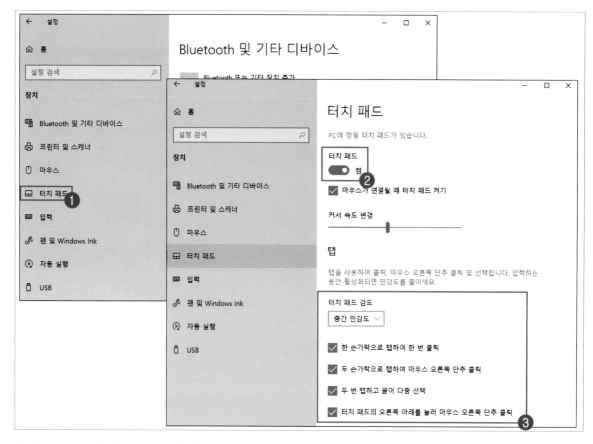

뉴미디어 마케팅 교육 및 출판 전문 기관 SNS소통연구소

1️⃣ 설정 > 장치 창이 나오면 왼쪽의 ①[터치패드]를 클릭합니다.
터치패드 설정에서 터치 패드의 ②[켬]을 눌러 잠그기 또는 [끔]을 눌러 해제를 해 줍니다.
터치 패드를 켬 상태에서 ③[터치 패드 감도 조절 및 제스처] 기능 등을 확인하고 변경할 수
있습니다.

TIPS 터치 패드 감도를 [가장 민감]으로 설정해 놓으면 터치 패드에 살짝만 닿아도
인식을 할 수 있으므로 터치 패드 감도를 중간으로 낮추어 사용하는 방법도
참고하시기 바랍니다.

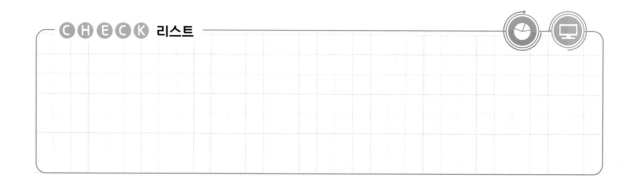

Ⓒ Ⓗ Ⓔ Ⓒ Ⓚ 리스트

학습포인트 : 컴퓨터 관리편

⑪ 내 컴퓨터 스펙 알아보기

스캔하시면 관련 영상을
시청하실 수 있습니다.

내 컴퓨터 사양을 [확인 할 수 있는] 2가지 방법을 정리하였습니다. 첫 번째 방법은 바탕화면의 내 PC 속성에서 확인하는 방법과, 두 번째 방법은 실행에서 명령어 dxdiag를 입력하여 알아보는 방법입니다. 그럼, 지금부터 본인 컴퓨터의 사양을 확인히는 방법을 알아보겠습니다.

💬 내 PC에서 알아보는 방법

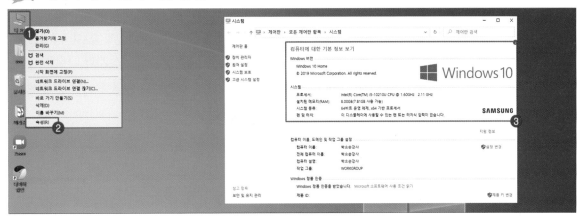

🖩 바탕화면의 ①[내 PC]에서 [마우스 오른쪽]을 클릭한 다음 ②메뉴 중에서 [속성]을 클릭합니다. 시스템 대화상자에서 ③[Windows 운영체제 버전], [프로세서(CPU) 정보], [설치된 메모리(RAM)크기], [시스템 종류(운영체제)] 등의 기본적인 컴퓨터 기본 정보들을 확인할 수 있습니다.

 시스템 창의 왼쪽 패널 [장치 관리자]를 클릭하면 컴퓨터에 장착된 장치들의 목록을 보여줍니다.

CHECK 리스트

💬 dxdiag 실행해서 알아보는 방법

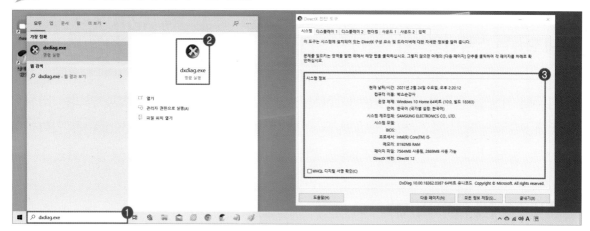

1️⃣ 바탕화면 왼쪽 아래 [검색창]을 클릭한 다음 커서가 깜빡깜빡하게 되면 ①[dxdiag]를 입력합니다. ②오른쪽의 위 [dxdiag.exe]를 클릭합니다. DirectX 진단 도구 대화상자가 나오면 ③시스템 정보 내에 [Windows 운영체제 버전], [빌드번호], [메인보드 모델 명], [프로세서 (CPU)], [메모리 크기] 등의 컴퓨터 사양을 한 눈에 확인할 수 있습니다.

12️⃣ 컴퓨터 C 드라이브 용량 확보하기

💬 디스크 정리 활용법

PC에서 사용 가능한 공간이 부족한 경우 중요한 Windows 업데이트를 설치할 수 없으며, PC의 성능이 저하될 수도 있습니다. 디스크 정리를 사용하여 PC를 최신 상태로 유지하고 PC가 원활하게 실행되도록 일부 공간을 확보할 수 있습니다. 그럼, 지금부터 드라이브 용량 확보하는 방법에 대해 알아보도록 하겠습니다.

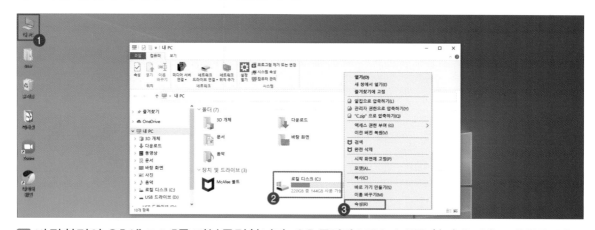

1️⃣ 바탕화면의 ①[내 PC]를 더블클릭합니다. ②[로컬디스크(C:)]를 찾아 [마우스 오른쪽]을 클릭한 다음 나온 메뉴 중에서 아래의 ③[속성(R)]을 클릭합니다.

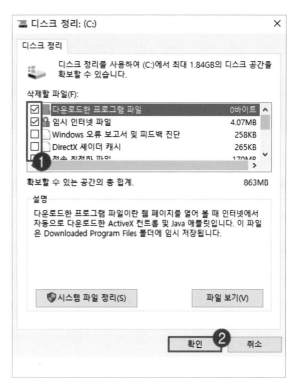

① 로컬 디스크(C:) 속성 대화상자가 나옵니다. 디스크 공간을 얼마나 비울 수 있는지를 계산하기 위해 [**디스크 정리(D)**]를 클릭합니다.

② 디스크 정리:(C:) 대화상자나 나오면 디스크 공간을 확보하기 위해
①[**삭제할 파일 또는 폴더 모두 체크 박스**]를 활성화한 다음 ②[**확인**]을 클릭합니다.

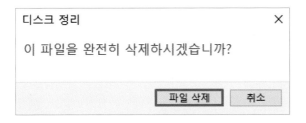

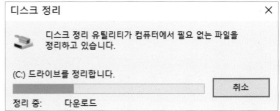

① 선택한 파일을 완전히 삭제하기 위해 [**파일 삭제**]를 클릭합니다.

② 디스크 정리 유틸리티가 컴퓨터에서 필요 없는 파일들을 정리하고 있습니다.

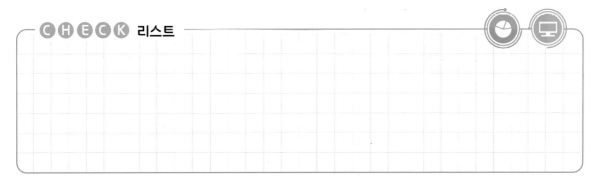

CHECK 리스트

1️⃣ 디스크를 정리한 다음 확인해 보면 사용 가능한 공간이 파일 삭제 전에는 [75.8GB]

2️⃣ 사용 가능한 공간이 파일 삭제 후에는 [75.5GB] 조금의 차이가 나는 것을 확인할 수 있습니다.

💬 **제어판의 프로그램 제거하는 방법**

1️⃣ 바탕화면 왼쪽 아래 [검색창]을 클릭합니다.

CHECK 리스트

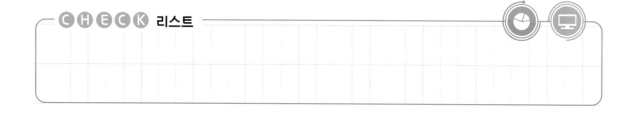

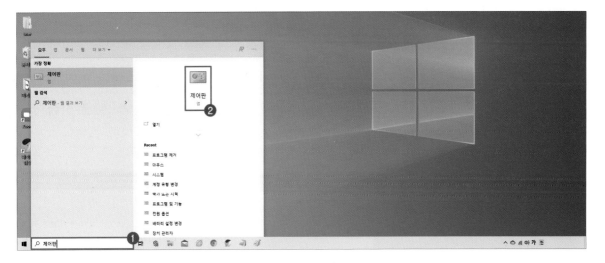

1️⃣ 검색창에 커서가 깜빡깜빡하게 되면 ①[제어판]을 입력합니다.
②위쪽 또는 오른쪽의 [제어판]을 클릭합니다.

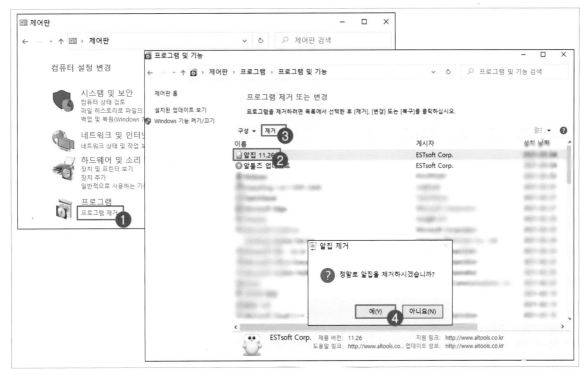

1️⃣ 제어판 대화상자가 나타나면 프로그램의 ①[프로그램 제거]를 클릭한 다음 삭제할 프로
그램을 목록에서 선택합니다. 만약 알집을 삭제할 경우 ②[알집 11.26] 클릭합니다.
③[제거]를 클릭하면 알집 제거창이 나타납니다. 알집을 제거하기 위해 ④[예]를 클릭합니다.
오랫동안 사용하지 않는 프로그램이나 불필요한 파일들을 삭제하면 컴퓨터 저장공간이 늘어
나며, 휴지통 역시 비우기를 하지 않으면 삭제된 파일이 그대로 존재하는 것이니 꼭 비우기를
하시기 바랍니다.

🔢 컴퓨터 속도 빠르게 하기

PC 관리와 최적화를 목적으로 만들어진 프로그램으로 컴퓨터의 부팅 속도와 컴퓨터 작업을 통해 쌓이게 되는 불필요한 파일을 제거합니다. 그럼, 지금부터 고클린 프로그램을 사용하는 방법에 대해 알아보도록 하겠습니다.

💬 고클린 프로그램 설치하기

1 바탕화면의 Chrome을 실행합니다.

검색창에 [고클린]을 입력한 다음, 엔터키를 누릅니다.

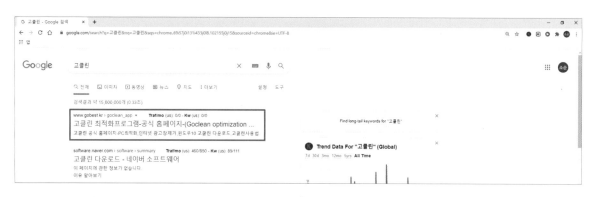

1 검색 결과 창에서 [고클린 최적화프로그램-공식 홈페이지]를 클릭합니다.

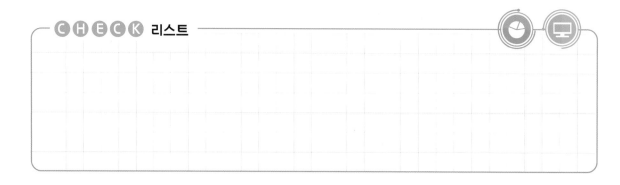

CHECK 리스트

1️⃣ 고클린 최적화프로그램-공식홈페이지에서 [고클린 다운로드 151버전]을 클릭합니다.

1️⃣ NAVER Software 화면으로 이동합니다. ①고클린 첫 번째 [무료 다운로드]를 클릭합니다. 설치 전 본인의 컴퓨터 사양과 지원하는 OS를 확인 다음 두 번째
②[확인 후 다운로드]를 클릭합니다.

1️⃣ ①세 번째 [다운로드]를 클릭하면, 다른 이름으로 저장 대화상자가 나옵니다.
②[원하는 저장위치]를 클릭한 다음 ③[저장]을 클릭합니다.

1 바탕화면에 다운받은 ①[gocleansetup151]을 더블클릭하여 설치합니다. 고클린 V1.5.1
설치를 위해 ②[다음]을 클릭합니다.

1 고클린 V1.5.1 설치를 시작하기 전에 사용권 계약 내용을 살펴보고 아래의 [다음]을
클릭합니다.

2 설치하고자 하는 고클린 V1.5.1의 구성 요소를 선택한 후 계속 진행하려면 [다음]을
클릭합니다.

설치할 위치를 변경할 경우 오른쪽 [찾아보기]를 클릭한 다음 위치를 변경합니다.

설치할 폴더를 변경하지 않을 경우 [설치]를 클릭합니다.

1 고클린 V1.5.1 설치가 완료되었습니다. [마침]을 클릭합니다.

뉴미디어 마케팅 교육 및 출판 전문 기관 SNS소통연구소

💬 고클린 프로그램 활용하기

1️⃣ 바탕화면에 설치된 ①[고클린] 프로그램을 더블클릭해서 실행합니다.
②고클린이 실행되면 여러 가지 메뉴가 나타납니다.

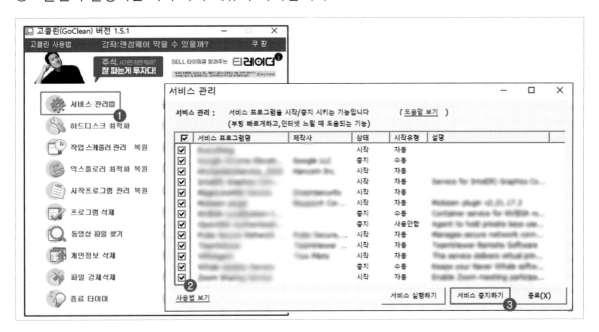

💬 서비스 관리 사용법

고클린 기능중에 가장 중요한 기능으로 서비스 관리를 통해 서비스를 중지시키면 부팅이
빨라집니다. 기능 중 ①[서비스 관리] 메뉴를 클릭합니다. ②목록에 나타난 서비스 프로그램을
[모두 선택]한 다음 [서비스 중지]를 클릭합니다. (상태 : 시작 ⇒ 중지, 시작유형 : 자동 ⇒
수동으로 변경됩니다.)

시작유형이 수동으로 변경 안될 때 – 해결방법
목록에 나타난 것을 모두 선택해서 [서비스 중지하기]를 실행하지 말고,
한 개씩 선택해서 [서비스 중지하기]를 실행하면 됩니다.

💬 액티브(Active)X 삭제 사용법

액티브(Active)X control은 확장성을 위한 기능인데, 보안을 위협하는 악성코드의 경로로도 악용되는 경우가 있으므로 사용하지 않는 ActiveX는 제거하는 것이 보안과 인터넷 속도 향상에 도움이 됩니다.

①[액티브(Active)X 삭제] 메뉴를 클릭합니다. ②[모두 보기]를 클릭한 다음 목록에 나타난 프로그램을 ③[모두 선택]합니다. ④[삭제]를 클릭합니다.

TIPS 몇 달에 한번씩, 모든 액티브(Active)X 프로그램을 제거해 보안과 인터넷 속도가 향상되게 해주시면 좋습니다.

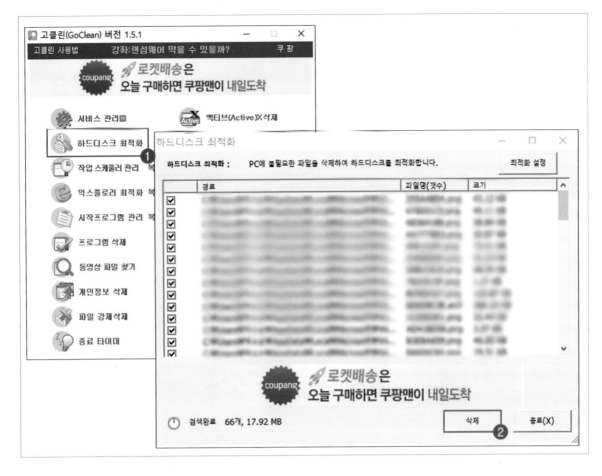

💬 하드디스크 최적화 사용법

하드디스크 최적화 기능은 필요없는 임시 인터넷 파일을 제거하는 기능으로, 인터넷이 느릴 때 삭제해 주면 빠르게 인터넷 속도가 가능해집니다.

①[하드디스크 최적화] 메뉴를 클릭합니다. PC에 불필요한 파일 삭제를 위해

②[삭제]를 클릭합니다.

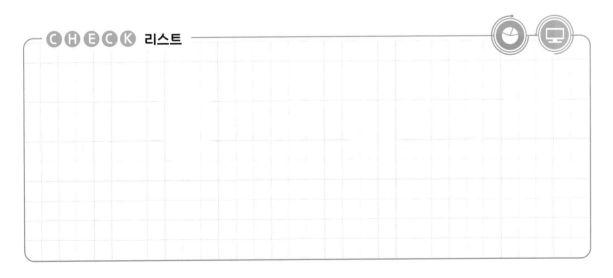

1 작업 스케줄러 관리 사용법

시작프로그램과 기능은 비슷하지만, 예약한 시간에 프로그램이 작동되도록 설계된 것이 시작 프로그램과 약간 다른 점입니다.

①[작업 스케줄러 관리] 메뉴를 클릭합니다. 목록에 나타난 프로그램을

②[모두 선택]한 다음

③[삭제]를 클릭합니다.

➡ 불필요한 [작업 스케줄러] 프로그램이 등록된 경우 부팅 속도가 많이 느려지고, 애드웨어에 의해서 광고창이 뜰 가능성이 높습니다.

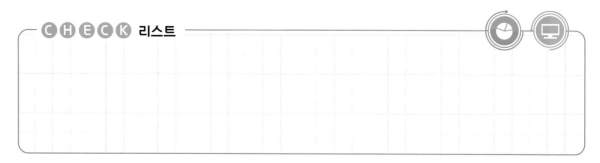

학습포인트 : 컴퓨터 실무편

14 마우스 원형 커서 설명 및 사용법 알아보기

스캔하시면 관련 영상을
시청하실 수 있습니다

마우스에는 단추, 포인터, 포인터 옵션 등 다양한 기능이 있습니다.

그 중 원형 커서 기능은 강의 혹은 ppt 발표시 중요한 내용을 강조 할 때 효과적으로 사용할 수 있는 마우스 기능 중 하나입니다.

강조할 부분에 커서를 대고 **Ctrl** 키를 누를 때마다 원형커서가 나타나 주의력을 집중시켜 주는 중요한 역할을 합니다.

1️⃣ 바탕화면 왼쪽 아래 [검색창]을 클릭합니다.

1️⃣ 검색창에 커서가 깜빡깜빡하게 되면 ①[제어판]을 입력합니다. ②[제어판]을 클릭합니다.

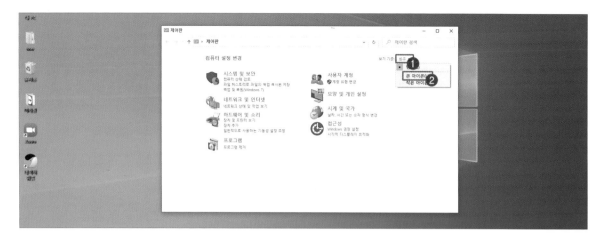

1️⃣ 제어판 대화상자가 나타나면 오른쪽 위 보기 기준의 ①[범주]를 클릭합니다.

2️⃣ 아래의 메뉴 중 [큰 아이콘(L)]을 클릭합니다.

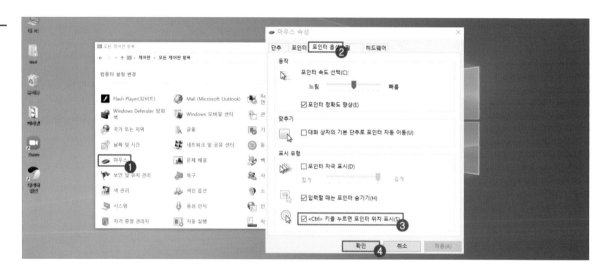

1️⃣ 모든 제어판 항목창이 나타나면 ①[마우스]를 클릭합니다. ② 마우스 속성의 탭 중에서
[포인터 옵션] 탭을 클릭합니다. ③표시 유형의 [V < Ctrl >키를 누르면 포인터 위치 표시(s)]를
체크한 다음 ④[확인]을 클릭합니다.

🔢 강의할 때 필요한 판서프로그램 활용하기

Zoomit은 마우스 휠이나 키보드를 이용해 화면을 확대 또는 축소해 볼 수 있는 돋보기
가 담긴 도구입니다. 작은 창 대신, 확대 및 축소할 수 있는 화면을 사용합니다. 이렇게 하면
ZoomIt은 화면 상에 확대하는 동시에 그림을 그릴 수 있게 해주어 나머지 도구들과 구별됩
니다.

💬 그럼, 지금부터 ZoomIt 프로그램 다운부터 활용방법까지 알아보도록 하겠습니다.

(1) ZoomIt 프로그램 다운받기

1️⃣ 바탕화면의 Chrome을 실행합니다. 검색창에 [zoomIt]을 입력한 다음 엔터키를 누릅니다.

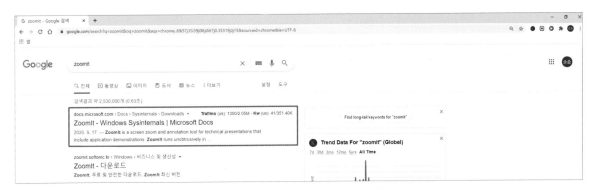

1️⃣ Chrome 검색 결과 창에서 [zoomIt-Window Sysinternals]를 클릭합니다.

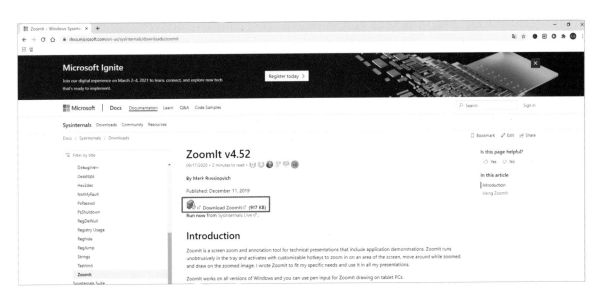

1️⃣ Microsoft 홈페이지에서 ZoomIt v4.52 다운받기 위해 [Download ZoomIt]를 클릭합니다.

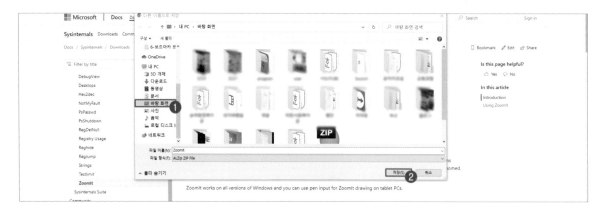

1 다른 이름으로 저장 대화상자가 나오면 ①[**바탕화면**]을 클릭한 다음 ②[저장]을 클릭합니다.

1 바탕화면에 ZoomIt 압축파일이 다운되었습니다. ①[ZoomIt] 압축파일을 더블클릭하여 실행합니다. ZoomIt.zip 파일이 열리면 압축된 파일을 풀기 위해 ②[**압축풀기**]를 클릭합니다.

1 빠르게 압축 풀기를 하기 위해 압축 풀 위치를 확인한 다음 화면 아래의 ①[확인]을 클릭합니다.

뉴미디어 마케팅 교육 및 출판 전문 기관 SNS소통연구소

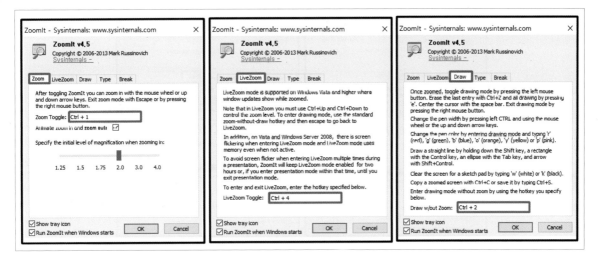

압축풀기가 성공적으로 완료되면 ②[닫기]를 클릭합니다.

(2) ZoomIt 프로그램 활용하기

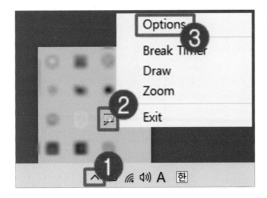

1 ZoomIt을 실행하려면 컴퓨터 오른쪽 하단의 작업표시줄에 있는 ①[꺽쇠 (∧)모양]을 클릭하고 ②[ZoomIt] 아이콘 모양을 찾아 클릭을 합니다. 기능 중에서 ③[Options]을 클릭합니다.

2 [Zoom] - 화면 확대 기능으로, **Ctrl** + 1을 누르면 마우스 포인터가 있는 화면을 확대할 수 있습니다. 확대를 한 후에 마우스 휠을 위, 아래로 움직이면 확대, 축소가 가능합니다.

3 [LiveZoom] - 실시간 확대 기능으로, **Ctrl** + 4를 누르면 마우스 포인터가 있는 화면이 실시간으로 확대됩니다. 동영상을 끊김없이 확대할 수 있는 기능입니다.

4 [Draw] - 그리기(판서하기) 기능으로, **Ctrl** + 2를 누르거나 화면이 확대된 상태에서 마우스 왼쪽버튼을 누르면 자유롭게 그림을 그릴 수 있습니다.

> **TIPS** **도형그리기** : 직선 - **Shift** 누르면서, 사각형 - **Ctrl** 누르면서, 원 - Tab 누르면서 드래그하면 도형이 그려집니다.

> **TIPS** **색 변경하기** : r(빨강), y(노랑), g(녹색), b(파랑), o(오렌지), p(핑크)키를 누르면 색이 변경됩니다.

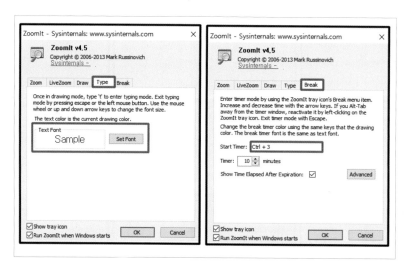

1️⃣ [Type] - 글꼴을 변경하는 기능으로 ZoomIt 실행 상태에서 " t " 를 입력하면 글을 입력할 수 있는 모드가 됩니다. 마우스 휠 또는 위, 아래 화살표로 글꼴 크기 변경합니다.

2️⃣ [Break] - 타이머 기능으로 **Ctrl** + 3을 누르면 화면에 카운트가 시작됩니다.
마우스 휠 또는 위, 아래 화살표로 시간 변경이 가능합니다. 최대 99분까지 설정할 수 있습니다.

16 컴퓨터에서 내가 찾는 자료 쉽고 빠르게 찾기

파일 이름으로 파일과 폴더를 실시간으로 찾아주는 Everything은 설치도 빠르고 간단하며, 무엇보다도 검색 속도가 빠릅니다.

1️⃣ 바탕화면의 **Chrome**을 실행합니다. 검색창에 [everything]을 입력한 다음 엔터키를 누릅니다.

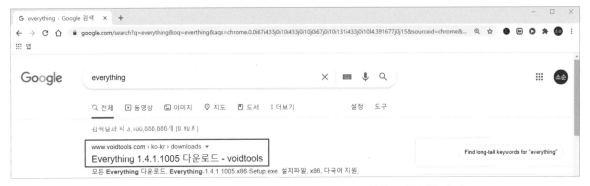

1 everything 검색 결과 창에서 [www.voidtools.com]을 클릭합니다.

1 voidtools 홈페이지 화면입니다. 6가지 다운로드 파일 중 본인의 컴퓨터에 맞는

[설치 파일] 혹은 [비설치형 파일]을 클릭해서 다운 받습니다.

1 [다른 이름으로 저장] 대화상자가 나오면 ①[원하는 저장위치]를 클릭한 다음 ②[저장]을
클릭합니다.

1 바탕화면에 다운받은 ①[Everything-1.4.1.1005.x64-Setup] 파일을 더블클릭하여 설치합니다. Everything 설치할 때 언어는 한국어를 선택한 다음 ②[OK]를 클릭합니다.

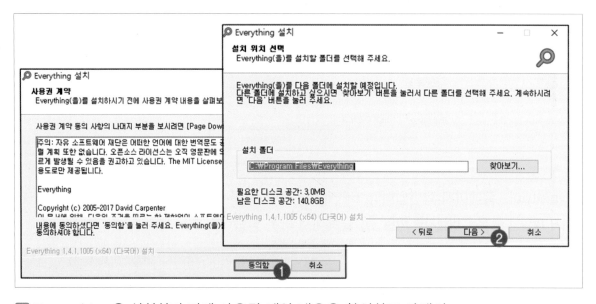

1 Everything을 설치하기 전에 사용권 계약 내용을 확인하고 아래의
①[동의함]을 클릭합니다.
Everything을 설치할 폴더 선택 창이 나오면 설치할 위치를 변경할 경우 오른쪽 [찾아보기]를 클릭한 다음 위치를 변경합니다. 설치할 폴더를 변경하지 않을 경우
②[다음]을 클릭합니다.

CHECK 리스트

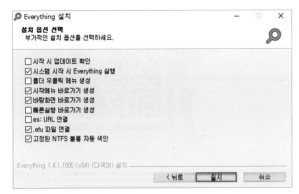 

1️⃣ 부가적인 [설치 옵션 선택]입니다. 설정된 기본 옵션을 모두 체크 해제하여도 설치가 가능하고,
설정된 옵션을 그대로 두고 설치하여도 됩니다. [설치]를 클릭합니다.

2️⃣ Everything의 설치가 완료되었습니다. 설치 프로그램을 마치려면 [마침]을 클릭합니다.

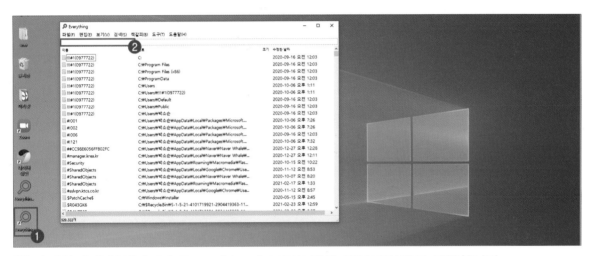

1️⃣ 바탕화면에 설치된 ①[Everything] 프로그램을 더블클릭해서 실행합니다.
처음에는 약간의 로딩 시간이 소요된 다음 ②[실행화면]이 보이게 됩니다.

 만약 목록들이 나오지 않는다면, 메뉴 표시줄의 도구 - 설정 - 폴더 - 추가에서
검색하고 싶은 폴더를 선택하면 됩니다.
☞ 예시 - 검색창에 [이력서]를 입력해서 검색해 보면 파일의 위치까지 한 번에
알려줍니다.

스캔하시면 관련 영상을
시청하실 수 있습니다.

① 크롬 브라우저의 장점

크롬은 빠르고 안전하면서 사용하기 쉬운 웹브라우저입니다.
Chrome은 모든 운영체제에서, 어떤 기기에서나 작동합니다. 노트북과 휴대전화를 마음대로 오가고 원하는 대로 맞춤설정하며 더 많은 작업을 할 수 있습니다.

이제 복잡한 비밀번호를 기억하지 않아도 됩니다. Chrome은 모든 사이트에 각각 고유한 비밀번호를 생성하고 안전하게 보호합니다. 주소와 결제 정보도 저장하므로 클릭 한 번으로 양식을 작성할 수 있습니다.

확장 프로그램으로 Google Keep에 기사를 저장하거나 최근에 눈에 들어온 패션 신상을 저렴하게 구입할 수 있는 방법을 알아볼 수 있습니다. 150,000개 이상의 Chrome 확장 프로그램을 활용하면 나만의 방식으로 브라우저를 더욱 다양하게 활용할 수 있습니다.

여러분도 혹시 탭을 100개씩 열어 두는 타입 인가요? Chrome은 끊임없이 진화하여 메모리 사용량과 반응성을 최적화하므로 탭이 많아도 덜 느려집니다. 세련된 디자인은 깔끔한 정리에도 도움이 됩니다.

☑ 크롬 브라우저 설치하기

윈도우 10에서는 웹 브라우저인 '마이크로소프트 엣지'를 기본 브라우저로 사용합니다. 그러나 사용자가 많지 않습니다. 그래서 사용자가 많은 구글에서 개발한 '크롬Chrome'을 다운로드하여 사용합니다.

① 인터넷 검색창에 ①[www.google.co.kr/Chrome]을 입력한 후 클릭합니다.
② 화면중앙의 ②[Chrome 다운로드]를 클릭합니다.

① 화면 오른쪽의 [Chrome 다운로드]를 다시 클릭합니다.

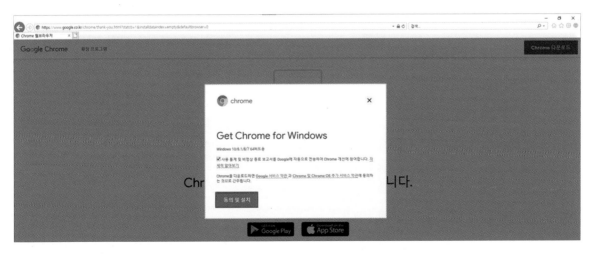

① 서비스 약관의 [동의 및 설치]를 클릭합니다.

1️⃣ 화면 하단의 [실행]을 클릭합니다.

1️⃣ 사용자 계정 컨트롤창의
[예]를 클릭합니다.
다운로드 후 설치됩니다.

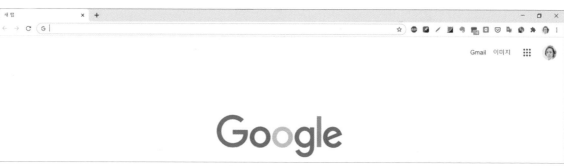

1️⃣ 크롬 브라우저가 설치되었습니다.

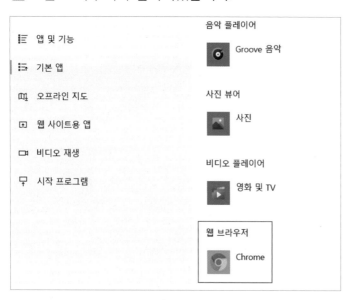

1️⃣ 화면 하단의 시작 버튼을 클릭합니다.
설정에서 앱을 클릭합니다.
기본 앱의 웹 브라우저가 크롬으로
설정되었습니다.

뉴미디어 마케팅 교육 및 출판 전문 기관 SNS소통연구소

③ 홈 버튼 활성화하기

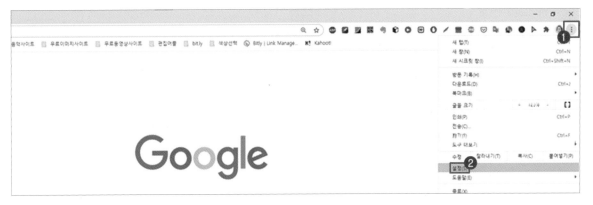

1 크롬 메인화면 오른쪽 상단의 ①[더보기]를 클릭한 후 ②[설정]을 클릭합니다.

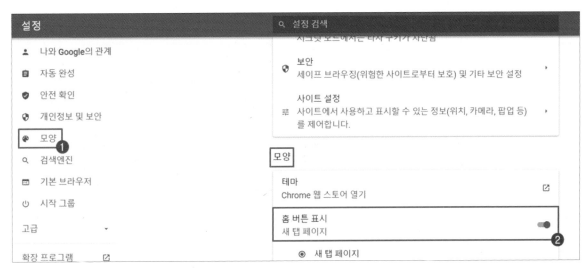

1 설정 창 ①[모양]에서 ②[홈 버튼 표시]를 활성화합니다.

1 크롬 메인화면 오른쪽 상단에 [홈 버튼]이 적용이 되었습니다.

2 기본적인 홈 버튼은 구글 크롬으로 설정이 되어있기 때문에 메인화면을 다른 사이트로 이용하시려면 따로 설정하면 됩니다.

① 크롬 메인화면 오른쪽 상단의 더보기→설정→①[모양]의 ②[홈 버튼 표시] 아래 맞춤주소
입력란에 홈 화면으로 이용할 사이트 주소를 입력합니다.

② 네이버로 설정해 보겠습니다.

① [홈 버튼]을 클릭하면 홈 버튼 표시에 지정해 놓은 네이버로 이동합니다.

CHECK 리스트

④ 북마크바 활성화하기

1️⃣ 크롬 브라우저 오른쪽 상단 ①[**더보기**]를 클릭하여 ②[**북마크**] ③[**북마크바 표시**]를 체크합니다. 2️⃣ 크롬 브라우저 상단에 북마크바가 표시됩니다. 3️⃣ 북마크바 해제는 다시 한 번 북마크바 표시를 클릭합니다. 4️⃣ 북마크바에는 자주 방문하는 사이트를 설정합니다.

1️⃣ 주소창에 ①[**자주 방문하는 사이트**]를 입력합니다. 2️⃣ 주소창 오른쪽의 ②[**별모양**]을 클릭하여 팝업창에서 이름 / 폴더를 변경할 수 있습니다. 3️⃣ ③[**사이트명**]을 확인하고 ④[**완료**]를 클릭합니다.

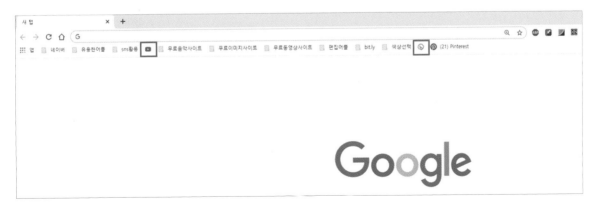

1️⃣ 북마크바에 사이트의 아이콘만 나오게 하려면 팝업창에서 이름을 빈칸으로 놔두면 이름 없이 아이콘만 보입니다.

뉴미디어 마케팅 교육 및 출판 전문 기관 SNS소통연구소

1 북마크바에 폴더를 추가하려면 북마크바의 오른쪽 끝의 빈곳을 마우스 오른쪽 버튼으로 클릭하여 팝업창에서 [폴더 추가]를 클릭합니다.

1 새 폴더의 이름에 ①[무료사이트]라고 작성한 후 ②[저장]을 클릭합니다.

1 북마크바에 [무료사이트] 폴더가 추가 되었습니다.

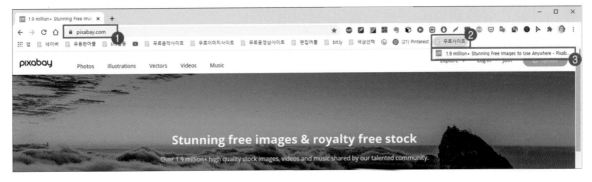

1 검색창에서 ①[Pixabay]를 검색한 후 열쇠 모양을 드래그하여 ②[**무료사이트**]로 이동합니다. **2** 무료사이트 폴더에 ③[Pixabay **사이트**]가 추가 되었습니다.

3 같은 방법으로 여러 개의 폴더를 추가하면 업무의 효율성을 높힐 수 있습니다.

CHECK 리스트

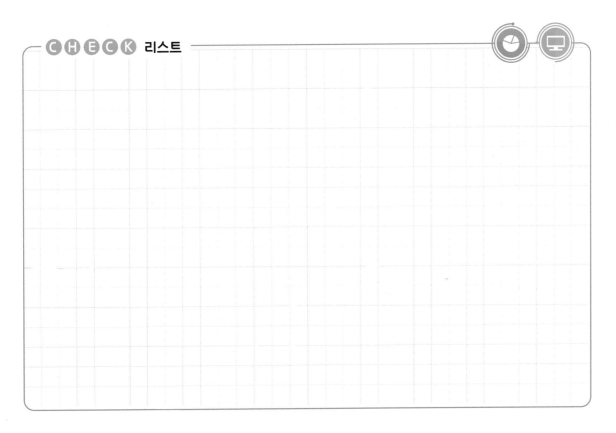

5 저장하고 싶은 파일(다운로드 폴더) 활성화 하기

크롬 브라우저는 파일을 다운로드하거나 공유하기도 편리하기 때문에 많이 사용합니다.
정해진 경로에 저장 공간이 부족하거나 필요에 따라 다운로드 위치를 변경할 수 있습니다.

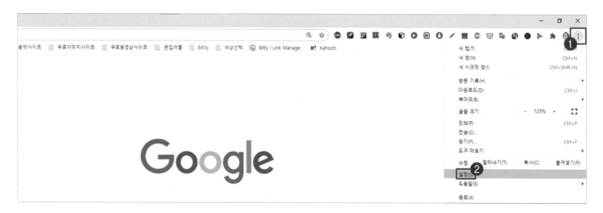

1 크롬 메인화면 오른쪽 상단의 ①**[더보기]**를 클릭하여 팝업창 하단의 ②**[설정]**을
클릭합니다.

1 설정화면 ①**[고급]**의 ②**[다운로드]**에서 ③**[위치]**를 확인합니다.
2 ④**[변경]**을 클릭하여 다운로드 경로를 변경합니다.
다운로드 전에 각 파일의 저장 위치 확인을 활성화 해놓으면 다운로드 할 때마다 저장위치를
확인하며, 크롬 메인화면 하단 왼쪽에 다운로드가 표시되며 폴더 열기를 하여 위치를 확인할
수 있습니다.

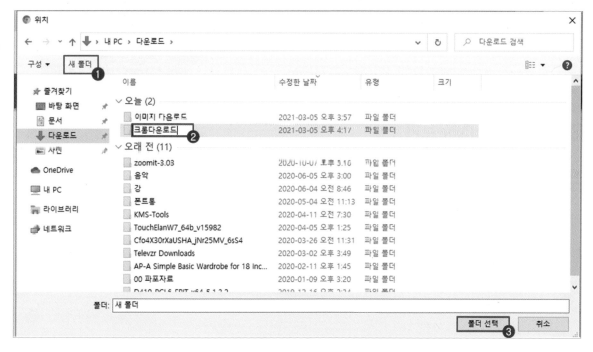

1 ①[새 폴더]를 클릭하여 ②[폴더 이름]을 작성하고 ③[폴더 선택]을 클릭합니다.

1 [다운로드 위치]가 크롬다운로드로 변경되었습니다.

3강 ‖ 크롬 웹스토어 활용하기

스캔하시면 관련 영상을
시청하실 수 있습니다.

1 광고 없이 YouTube 보기

크롬 브라우저의 장점중 하나는 '확장 프로그램'입니다. 브라우저에서 지원하지 않는 기능을
보완할 수 있도록 다운로드하여 설치하는 프로그램을 확장 프로그램이라고 합니다.

확장 프로그램을 활용하여 광고 없이 YouTube를 시청할 수 있습니다

1 크롬 브라우저에서 ①[새 탭]을 클릭하여 ②[앱 표시] 아이콘을 클릭합니다.

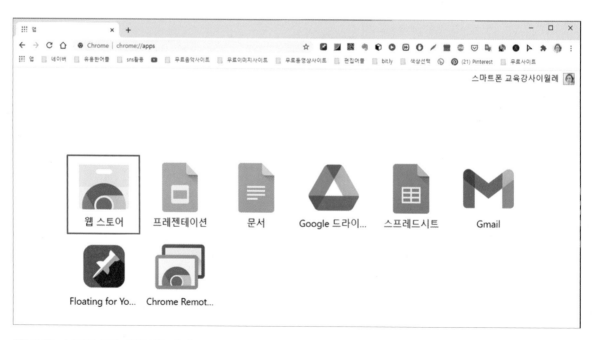

1 [웹 스토어]를 클릭합니다.

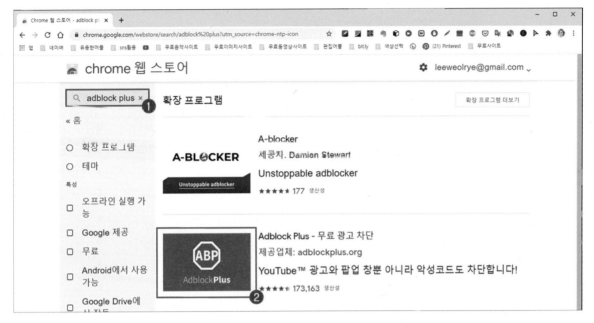

1 웹 스토어 검색창에 무료 광고 차단하는 확장 프로그램

①[Adblock plus]를 입력하고 검색된 내용 중에서 ②[Adblock Plus]를 클릭합니다.

1 [Chrome에 추가]를 클릭합니다.

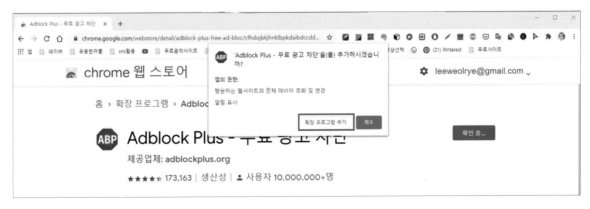

1 [확장 프로그램 추가]를 클릭합니다.

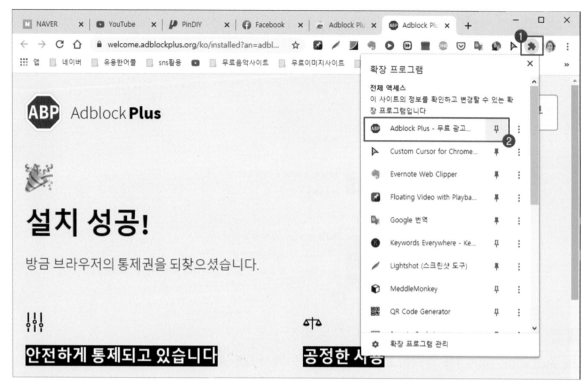

뉴미디어 마케팅 꼭 알아야 전문 기관 SNS소통연구소

1️⃣ 설치가 되면 ①주소 표시줄 오른쪽의 [확장 프로그램]을 클릭하여
②[Adblock plus] 아이콘을 활성화합니다.

1️⃣ [Adblock plus] 확장 프로그램이 설치되면 아이콘을 드래그하여 이동할 수 있습니다.

1️⃣ ①[YouTube]를 시청하면 광고가 사라져 안보이게 되고 ②[확장 프로그램] 아이콘 옆에는
차단된 광고 숫자가 표시됩니다.

❷ 광고 없이 인터넷 신문기사 보기

YouTube를 광고 없이 보듯이 인터넷 신문기사도 광고 없이 볼 수 있습니다.

크롬 확장 프로그램 [Adblock Plus]를 설치하였다면,

❶ 인터넷에서 뉴스를 검색한 후 기사원문보기를 클릭하면, 주소표시줄 오른쪽의
①[광고 차단 확장 프로그램]에는 ②[차단된 광고 숫자]가 표시됩니다.

❶ 같은 인터넷 뉴스를 확장 프로그램 없이 보면 위와 같이 많은 광고창이 보이며 기사원문을
아래로 스크롤 하면서 보면 팝업창까지 더해져 뉴스와 광고를 구분하기 어려울 수도 있습니다.

❸ YouTube 영상 플로팅으로 보기

구글 크롬의 확장 프로그램을 이용하여 **YouTube** 영상을 플로팅 시키는 방법을 알아보겠습니다.

1 크롬 브라우저에서 ①[새 탭]을 클릭하여 ②[앱 표시] 아이콘을 클릭합니다.

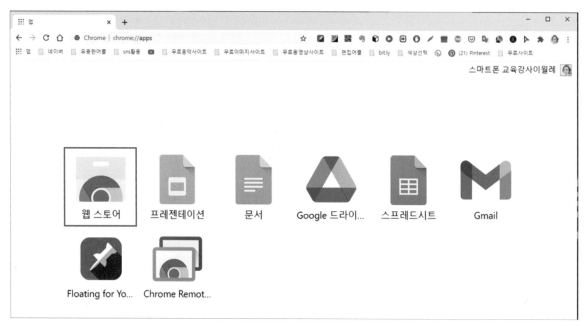

1 [웹 스토어]를 클릭합니다.

1 웹 스토어 검색창에 플로팅하는 확장 프로그램 ①[floating video]를 입력하고 검색된 내용 중에서 ②[FLOATING VIDEO]를 클릭합니다. **2** 아이콘을 꼭 확인하세요.

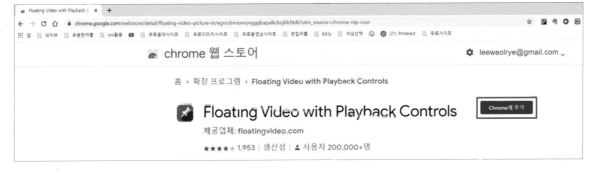

1 [Chrome에 추가]를 클릭합니다.

1 [확장 프로그램 추가]를 클릭합니다.

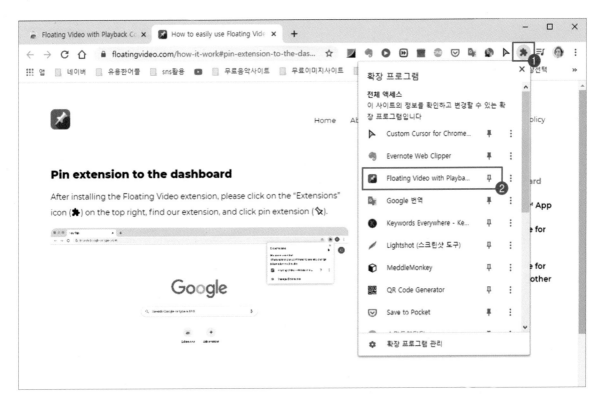

1 추가된 확장 프로그램은 주소 표시줄 오른쪽 끝의 ①[**확장 프로그램**]을 클릭하여
②[**FIOATING VIDEO..**]를 활성화합니다.

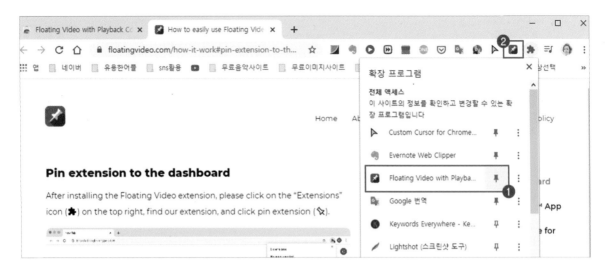

1 ①[FIOATING VIDEO..]가 활성화 되면 주소표시줄 오른쪽에 ②[**확장 프로그램**]이 추가
됩니다.

1 ①주소 표시줄 오른쪽에 [**플로팅 아이콘**]이 추가되면 아이콘을 드래그하여 이동할 수 있습니다.

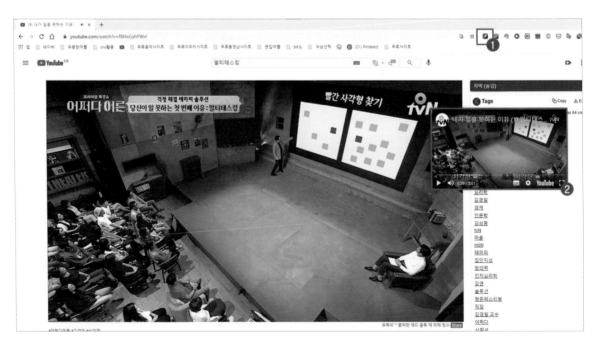

1 ①**YouTube**를 시청하면서 다른 작업을 할 경우 ①[**플로팅 확장 프로그램**]을 클릭하면
②[**YouTube가 플로팅**]됩니다. 2 플로팅 창에 마우스를 가져가면 위치, 크기도 변경 가능합니다.

☑ 화면 텍스트 복사 안 되는 문제 해결하기

크롬 사용 시 마우스를 이용한 텍스트 선택이 정상적으로 하지 않는 경우가 있습니다.
마우스 커서가 텍스트에 위치할 경우 화살표 모양의 커서가 텍스트 커서 모양으로 텍스트
선택이 가능해야 하지만, 텍스트가 선택되지 않을 경우에는

💬 크롬 캐시 데이터 삭제하기

☑ 주소 표시줄 오른쪽의 ①[**더보기**]를 클릭한 후 ②[**설정**]을 클릭합니다.

☑ 설정 창의 ①[**개인정보 및 보안**]의 ②[**인터넷 사용 기록 삭제**]를 클릭합니다.

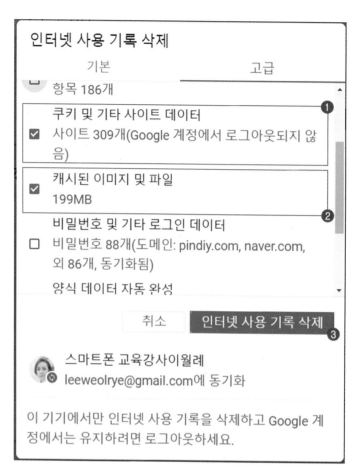

1 인터넷 사용 기록 삭제 창에서
①[쿠기 및 기타 사이트 데이터]와
②[캐시된 이미지 및 파일]을 선택한 후
③[인터넷 사용 기록 삭제]를 클릭합니다.

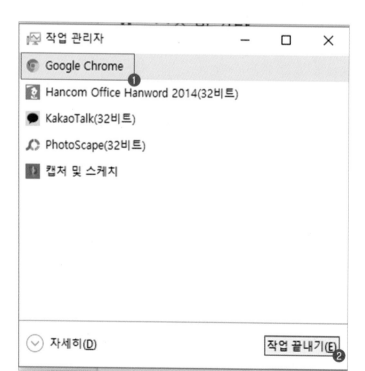

1 작업 관리자 창에서
①[Google Chrome]를
선택한 후
②[작업 끝내기]를 클릭합니다.

💬 추가된 확장 프로그램도 하나씩 비활성화 해봅니다.

💬 크롬 브라우저 설정 초기화

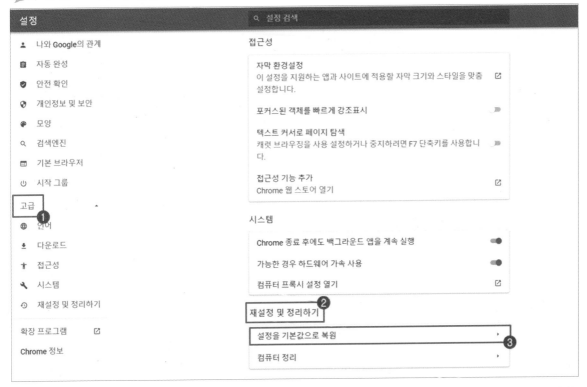

🔳 설정 창의 ①[고급]에서 ②[재설정 및 정리하기]의 ③[설정을 기본 값으로 복원]을 클릭합니다.

설정을 재설정하시겠습니까?

시작 페이지, 새 탭 페이지, 검색엔진, 고정 탭이 초기화
됩니다. 또한 모든 확장 프로그램이 사용 중지되고 쿠키
와 같은 임시 데이터가 삭제됩니다. 북마크, 기록, 저장
된 비밀번호는 삭제되지 않습니다. 자세히 알아보기

취소   설정 초기화

☑ 현재 설정을 보고하여 Chrome 개선에 참여

1 설정을 재설정 하시겠습니까?에
[설정 초기화]를 클릭합니다.

뉴미디어 마케팅 교육 및 출판 전문 기관 SNS소통연구소

C H E C K 리스트

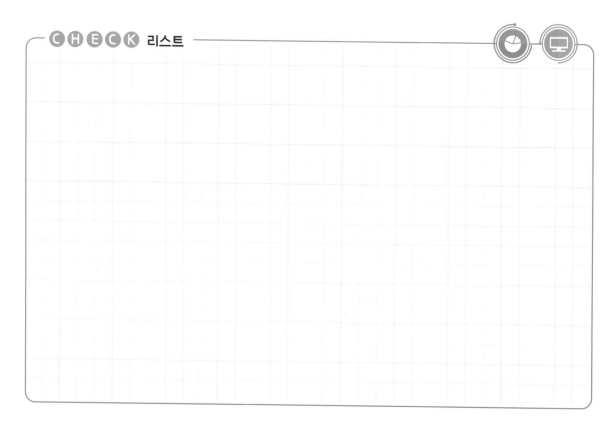

4강 | 컴퓨터 단축키 활용하기

스캔하시면 관련 영상을
시청하실 수 있습니다.

1 PC 쏠너 복사하기 / 붙여넣기 [Ctrl + C] / [Ctrl + V]

1 먼저 탐색기에서
내 PC를 연다.
①내 PC에서 복사할
대상을 찾는다.
②문서에서 복사할 폴더를
클릭한다.

2 ①복사할 문서를
선택한다.
②상단의 복사 아이콘을
클릭한다.

3 ①복사 문서를 이동할
위치를 선택.
②상단 붙여넣기 아이콘을
클릭한다.
③복사한 문서가 생성된다.

❷ 내 컴퓨터 열기 [키보드 윈도우 + E]

❶ 윈도우 탐색기를 열어서 ①상단 목록의 [보기]를 클릭합니다.
②우측 상단의 [옵션]을 클릭합니다.

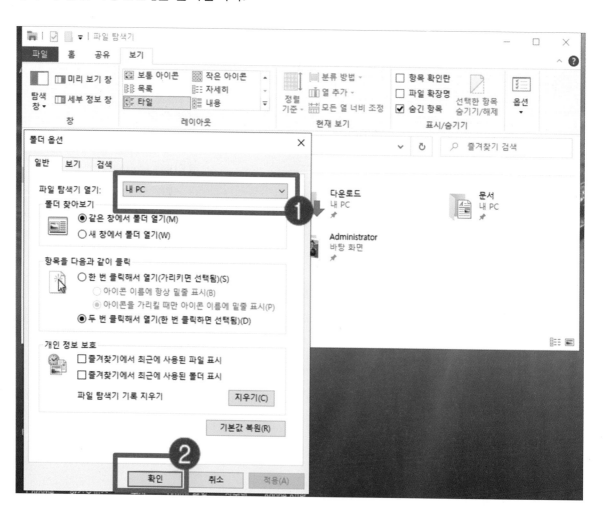

❶ 폴더 옵션에서 ①[내 PC]를 클릭 ②[확인]을 클릭합니다.

뉴미디어 마케팅 교육 및 출판 전문 기관 SNS소통연구소

❸ 화면 확대, 축소, 기본값 [**Ctrl** + (+)] / [**Ctrl** + (-)] / [**Ctrl** + (숫자 0)]
Ctrl 누르고, 마우스 스크롤을 앞으로 밀거나, 뒤로 당깁니다.

1 화면 확대 하기

[180% 확대]

1. **Ctrl** 누르고, 마우스를
쥡니다.
2. 마우스 스크롤을
앞으로 밉니다.
3. 단축키 [**Ctrl** + (+)] 사용

2 화면 축소 하기

[70% 축소]

1. **Ctrl** 누르고,
마우스를 쥡니다.
2. 마우스 스크롤을 뒤로
당깁니다.
3. 단축키 [**Ctrl** + (-)] 사용

3 화면 원래 크기

[100%]

1. **Ctrl** 누르고,
마우스를 쥡니다.
2. 마우스 스크롤을 앞,
뒤로 조정합니다.
3. 단축키 [**Ctrl** + (숫자 0)]

4 노트북 바탕 화면 바로가기 [키보드 윈도우 키 + **D**]

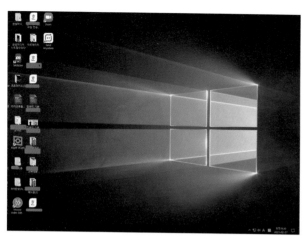 

1 ①키보드상의 [**윈도우 키**]를 누르고 영문 [**D**]를 누릅니다.

②컴퓨터 화면 [**우측하단 끝부분**] (빨간 네모 표시)의 세로줄을 클릭합니다.

1 바탕 화면에 바로가기 : 키보드상의 [**윈도우 키**]를 누르고 영문 [**D**]를 누릅니다.

이 기능은 컴퓨터 화면상의 여러 창을 한 번에 최소화하는 기능입니다.

CHECK 리스트

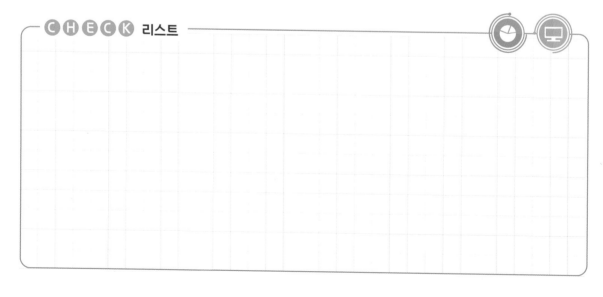

뉴미디어 마케팅 교육 및 출판 전문 기관 SNS소통연구소

5 작업표시줄 프로그램 바로열기 [키보드 윈도우 키 + 숫자 1~0]

1 작업표시줄의 프로그램을 빠르게 실행하는 방법으로 키보드상의 윈도우키와 상단의 숫자를 활용합니다.

1 키보드상의 [윈도우 키]와 숫자 [1~0]를 활용하여 프로그램을 바로 열 수 있습니다.
작업표시줄의 왼쪽 프로그램부터 1,2,3......... 순서로 단축키를 사용하여 열 수 있습니다.

예를 들어, 현재 작업표시줄에 한글, 웨일, 크롬, 카톡, 탐색기, 포토샵, 줌이 표시되어 있습니다.
한글로 바로 가려면 [키보드상 윈도우 + 1], 크롬으로 바로 가려면 [키보드상 윈도우 +3],
포토샵으로 바로 가려면 [키보드상 윈도우 + 6]을 누르면 바로가기가 실행됩니다.

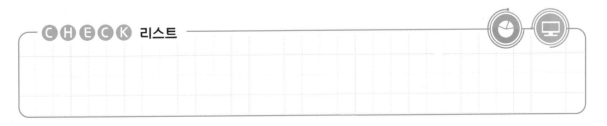

ⒸⒽⒺⒸⓀ 리스트

⑥ 작업관리자 또는 시스템 종료 [Alt + F4]

시스템 종료하기는 [Alt + F4]를 함께 누릅니다.

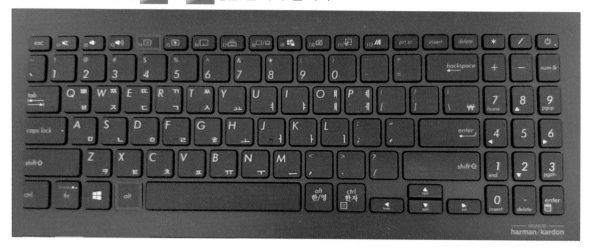

1️⃣ 표시된 작은 창의 시스템 종료를
확인합니다.

2️⃣ ①[윈도우 키 + 영어 X]를 같이 누른다. ②영문 U 를 두 번 누르면 즉시 종료됩니다.

③ 작업관리자 모드로 바꾸기 [Ctrl + Alt + Esc] 누릅니다.

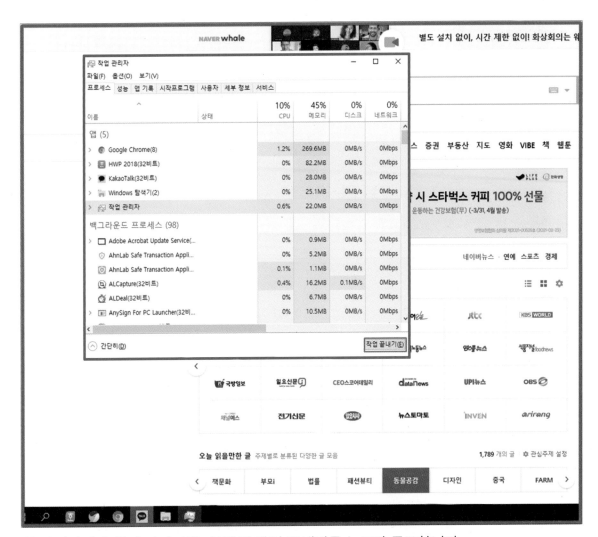

④ 작업관리자 창이 나타나면, 하단의 작업 끝내기를 누르면 종료합니다.

7 윈도우 타임라인 설정 해제 [키보드상 윈도우 키 + Tab 키]

윈도우 타임라인은 과거에 작업했던 앱, 문서, 웹사이트 등 활동기록을 추적하고 시간을 거슬러 올라가 당시 작업을 열수 있도록 합니다.

마우스 휠을 아래로 내려보면 이전 작업내용이 그대로 보여지는 것을 알수있습니다.

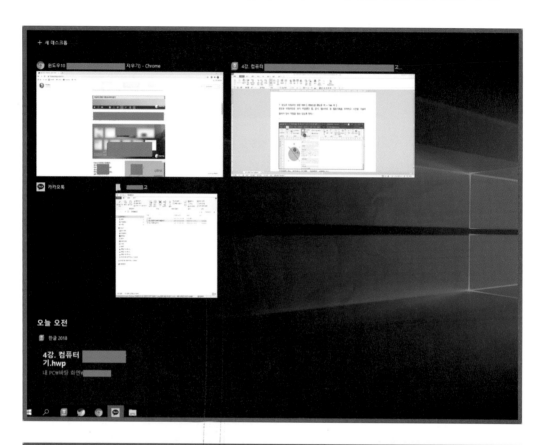

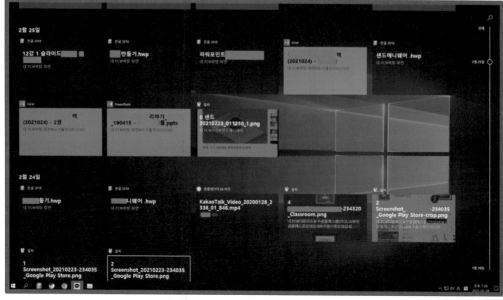

뉴미디어 마케팅 교육 및 출판 전문 기관 SNS소통연구소

💬 타임라인 비활성화와 활동 기록 지우는 방법

1 ①단축키 [**윈도우 키 + I(영문)**] 누르면 사진과 같은 화면 (윈도우 설정)이 열립니다.

②마우스를 스크롤하여 [**개인정보**]를 찾아서 클릭합니다.

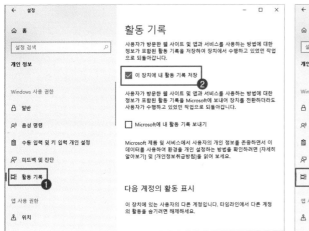 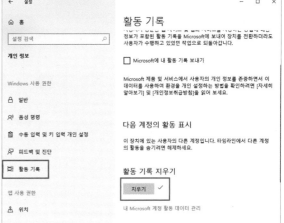

2 ①좌측 사이드바에서 활동기록을 클릭합니다.

②이 장치에 내 활동 기록 저장의 체크[✔] 표시를 해제합니다.

③마우스 스크롤바를 내려 [**활동 기록 지우기**]를 클릭한다. (우측사진)

CHECK 리스트

5강 ‖ 멀티미디어 삽입 및 프레젠테이션 발표 준비하기

■ 오디오 파일 편집과 배경 음악 설정하기

스캔하시면 관련 영상을
시청하실 수 있습니다.

💬 파워포인트 오디오 기능

파워포인트 발표를 할 경우 영상이나 오디오를 이용하여 작업을
해주면 훨씬 돋보이는 영상을 얻을 수가 있습니다. 발표를 할 때
배경음악을 잔잔한 음악으로 삽입을 하게 되면 청중들을 집중
시켜 주기에 발표 분위기를 한층 더 업 시켜 줍니다.

💬 파워포인트 오디오 삽입하기

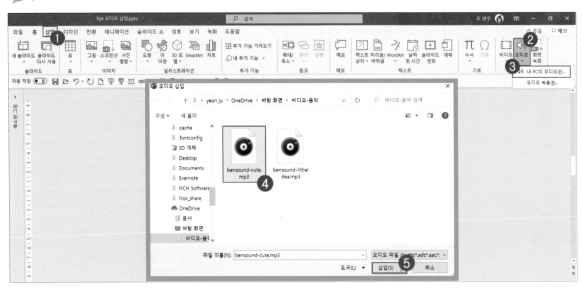

1️⃣ ①[삽입] 메뉴를 클릭 합니다. 2️⃣ ②[오디오]클릭합니다.
3️⃣ ③[내 PC의 오디오]를 클릭합니다. 4️⃣ ④[오디오 삽입] 대화상자가 나타나면 삽입할
음악을 선택한 후 ⑤[삽입]을 클릭합니다.

➡ 내PC에서 음악이 있는 장소에서 직접 끌어다 슬라이드에 가져다 놓아도 음악이 삽입됩니다.

➡ 오디오 파일를 파워포인트 파일에 함께 포함하는 방법은 파워포인트 2010 버전 이상에서만
가능합니다.

💬 오디오 편집해서 시작과 끝부분 자연스럽게 만들기

오디오 트리밍을 통해 원하는 구간만 자르기를 할 수 있습니다.

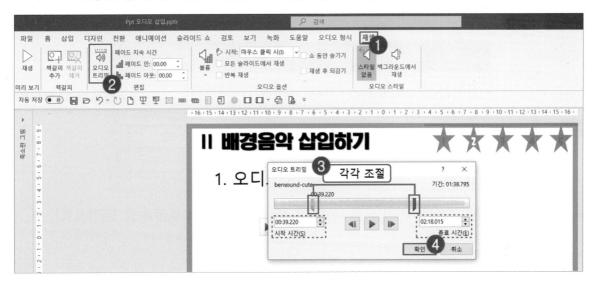

▣ ①삽입한 오디오를 클릭 [▷] 탭에서 ②[오디오 트리밍]을 클릭합니다.

③[오디오 트리밍] 대화상자가 나타나면 녹색 지점의 위치를 조절하고 빨간 지점의 위치를
조절한 후 ④[확인]을 클릭합니다.

➡ [▷] 탭에서 [미리보기]그룹에서 [▷]을 눌러 편집한 부분만 재생이 되는지 확인 할 수
있습니다.

> **TIPS** 트리밍한 음악을 파일로 저장할 수 있습니다.
> 오디오 모양 아이콘에서 오른쪽 마우스를 클릭한 후 [다른 이름으로 미디어 저장]을
> 클릭하면 됩니다.

💬 오디오 도구 기능 알아보기

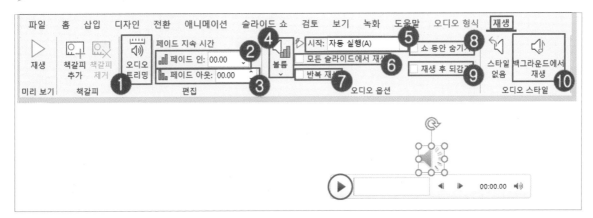

▣ ①오디오 트리밍 : 오디오를 편집해서 원하는 구간만 음악을 재생할 수 있습니다.

② ③페이드 인 / 페이드 아웃 : 페이드 인은 오디오에서 음량이 서서히 시작하는 것이고, 페이드 아웃은 끝날 때 음량이 서서히 소리가 작아지는 것을 말합니다.(자연스럽게 시작하고 자연스럽게 끝나는 것을 말합니다.)

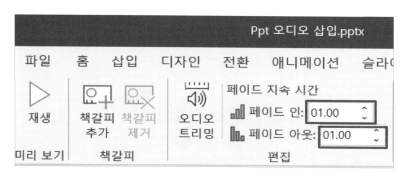

➡ **페이드 인, 페이드 아웃의 시간을 좀 넉넉하게 설정해 주어야 그 효과가 잘 드러납니다.**

④**볼륨** : 볼륨의 크기를 정해주는 것으로 낮은, 중간, 높음, 음소거의 네 가지 단계로만 설정이 가능합니다. 사운드 모양의 아이콘에서 스피커 모양을 클릭하면 컨트롤 막대의 볼륨 슬라이더를 사용하여 볼륨을 설정할 수도 있습니다.

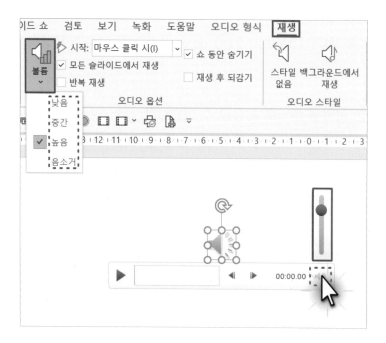

⑤**시작** : 시작 전환은 애니메이션과 관련이 있는데 클릭할 때와 자동실행이 있습니다. 슬라이드 쇼 재생 시 클릭할 때로 설정해 놓으면 클릭해야 음악이 나오지만, 자동실행 기능을 설정하게 되면 슬라이드 재생과 동시에 음악이 나오게 됩니다.

⑥**모든 슬라이드에서 재생** : 이 기능은 슬라이드 전체에 백그라운드 음악을 넣어주는 것입니다. 따라서 번 백 그라운드에서 재생과 관련이 있습니다.

⑦**반복재생** : 반복재생 기능은 슬라이드 백 그라운드 재생 시 음악의 길이가 짧아 음악이 끊어졌을 경우 반복적으로 재생이 되는 효과를 줍니다.

⑧**쇼 동안 숨기기** : 슬라이드 쇼를 하는 동안 표시되어져 있는 사운드 모양의 아이콘을 숨겨주는 기능입니다. 또는 사운드 모양의 아이콘을 슬라이드 밖에다 끌어다 놓아도 슬라이드 쇼를 하는 동안 표시되지 않습니다.

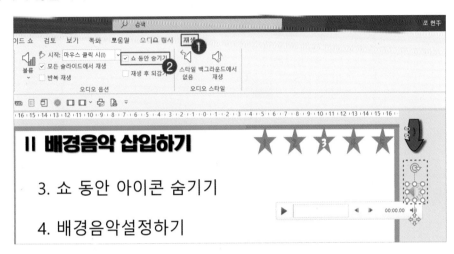

⑨**자동 되감기** : 자동 되감기 역시 애니메이션 타이밍과 관련이 있습니다.

⑩**백그라운드에서 재생** : 배경음악을 슬라이드의 처음부터 끝까지 재생하고자 할 경우 체크해 주 시면 됩니다. 백 그라운드에서 재생으로 선택하였을 때 모든 슬라이드에서 재생, 반복재생, 쇼 동안 숨기기 항목이 전체 체크가 되어집니다.

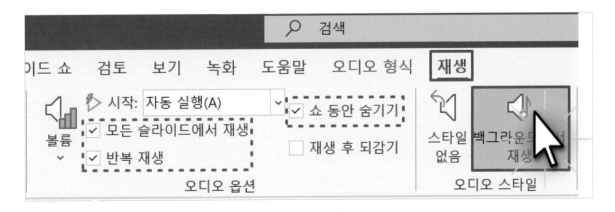

② 비디오 삽입과 편집하기

파워포인트로 제작할 때 참고용 자료로 동영상을 삽입하는 경우가 많습니다. 파워포인트에서 동영상을 삽입하는 방법은 내 PC에 있는 동영상 또는 온라인 서버에 있는 동영상을 링크할수 있습니다. 즉 YouTube에 있는 영상을 참고로 설명을 할 때 사용하면 됩니다.

💬 파워포인트 비디오 삽입하기

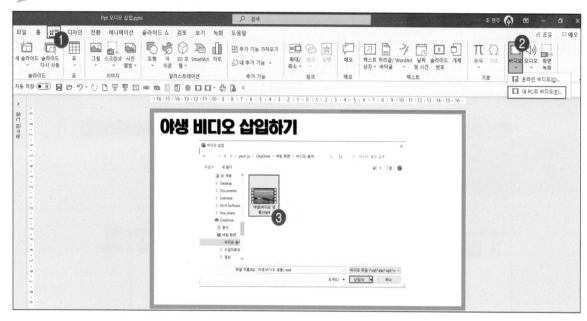

☐ ①[삽입] 탭을 클릭합니다.

☐ ②[비디오]에서 [내 PC의 비디오]를 클릭합니다. 삽입할 동영상이 있는 장소에서 동영상 파일을 선택한 후 [삽입]을 클릭합니다.

➡ 내PC에서 동영상이 있는 장소에서 직접 끌어다 슬라이드에 가져다 놓아도 동영상이 삽입됩니다.

➡ 비디오를 파워포인트 파일에 함께 포함하는 방법은 파워포인트 2010 버전 이상에서만 가능합니다.

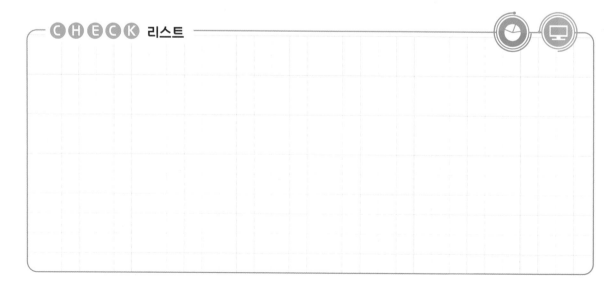

뉴미디어 마케팅 교육 및 출판 전문 기관 SNS소통연구소

💬 비디오 편집하기

파워포인트에서는 동영상 편집이 가능합니다. 불필요한 부분을 잘라 낼 수 있기 때문에 다른 프로그램에서 하지 않았어도 파워포인트에서 간단한 동영상 편집은 가능합니다.

💬 비디오 트리밍

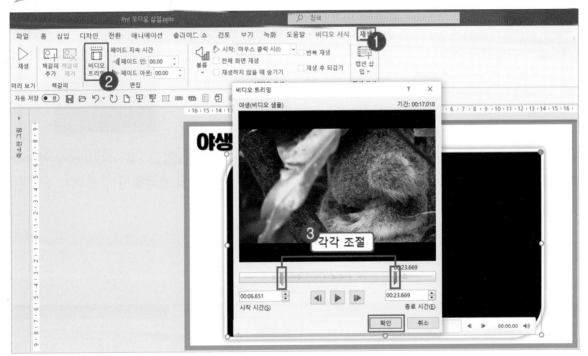

 ①편집할 동영상을 선택한 후 [▶]탭을 클릭합니다. **2** ②[비디오 트리밍]을 클릭합니다. ③[비디오 트리밍] 대화상자가 나타나면 녹색 지점의 위치를 조절하고 빨간 지점의 위치를 조절한 후 ④[확인]을 클릭합니다.

> **TIPS** 트리밍한 비디오를 파일로 저장할 수 있습니다. 비디오를 선택한 후 오른쪽 마우스를 클릭한 후 [다른 이름으로 미디어 저장]을 클릭하면 됩니다.

➡ [▶] 탭에서 [미리보기]그룹에서 [▶]을 눌러 편집한 부분만 재생이 되는지 확인 할 수 있습니다.

➡ 불 필요한 부분을 잘라 내고 [확인] 버튼을 눌러 창을 닫으면 편집한 동영상이 슬라이드에 나타납니다.

➡ 동영상 편집은 동영상의 원본이 변형이 되는 것은 아니기 때문에 다른 슬라이드에 복제를 해서 다른 부분을 나오도록 다시 트리밍을 할 수 있습니다.

💬 비디오 스타일

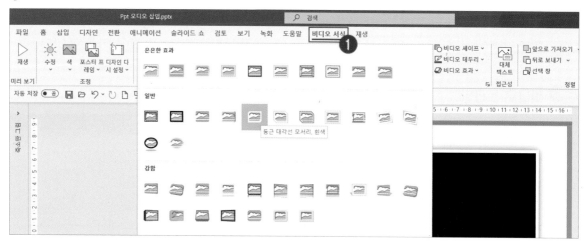

1️⃣ 비디오를 보여주는 사진 액자처럼 틀을 편집할 수 있습니다. 제공하는 여러 모양 중에 하나를 선택합니다. ①비디오를 선택한 후 [비디오 서식]탭에서 [비디오 스타일] 그룹에서 원하는 스타일을 선택합니다.

💬 비디오 프레임

비디오에 표지를 만들어 주는 포스터 프레임 기능이 있습니다.

1️⃣ ①비디오에서 표지를 만들고자 하는 부분에 재생 헤드를 이동합니다. ②[비디오 서식]을 클릭합니다. 2️⃣ [포스터 프레임]을 클릭합니다. ③[현재 프레임]을 선택합니다. 재생 바에 포스터 틀이 설정되었다는 문구가 나타납니다. 슬라이드를 열면 설정한 포스터 프레임이 표지로 나타납니다.

➡ 만약에 표지가 이미지로 PC에 저장이 되어있을 경우는 [파일의 이미지]를 선택하면
[파일에서]를 클릭해서 [그림 삽입] 대화상자가 나타나면 원하는 파일을 선택하고
[삽입]을 클릭합니다.

3 다중 화면 사용하기

컴퓨터를 빔 프로젝터에 연결하거나 듀얼 모니터에 연결했을 경우 발표자 도구를 실행할 수 있습니다. 발표자 도구를 사용하면 발표자의 모니터에는 슬라이드 노트를 표시하고, 빔 프로젝트나 다른 모니터에는 슬라이드 쇼를 표시 할 수 있습니다.

💬 다중화면 설정하기

1 ①[슬라이드 쇼]탭을 클릭합니다
2 ②[발표자 보기 사용]을 체크 표시합니다.
③[모니터]에서 슬라이드 쇼가 나올 모니터 종류를 선택합니다.

➡ 파워포인트 2013이상부터는 모니터와 파워포인트를 연결하기만 하면 자동으로 발표자 보기가
설정됩니다. 발표자는 발표자 노트를 보게 되고, 청중은 슬라이드 화면을 보게 됩니다.

💬 **발표자 화면 설명**

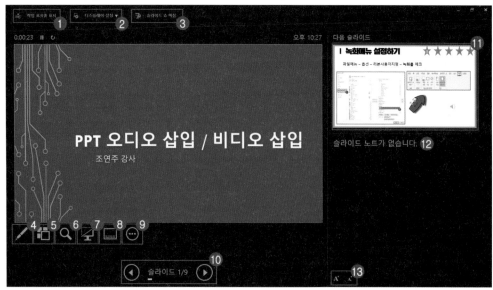

①**작업 표시줄 표시** : 하단에 윈도우 작업 표시줄을 표시합니다.

②**디스플레이 설정(표시 설정)** : 발표자 도구와 슬라이드 쇼 모니터를 서로 변경하거나 슬라이드 쇼를 복제하여 같은 화면을 표시합니다.

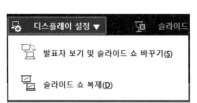

▶ **발표자 보기 및 슬라이드 쇼 바꾸기** : 발표자 보기와 청중이 보는 화면을 바꾸고자 할 때 선택합니다.

▶ **슬라이드 쇼 복제** : 슬라이드 쇼 화면이 똑같이 나오게 하고자 할 때 선택합니다.

③**슬라이드 쇼 마침** : 슬라이드 쇼를 종료합니다.(키보드 ESC키를 눌러도 종료가 됩니다)

④**펜 및 레이저 포인터 도구** : 펜과 레이저 포인터를 설정합니다.(펜, 레이터 포인터 해제하려면 ESC키를 누릅니다.)

⑤**모든 슬라이드 보기** : 프레젠테이션의 모든 슬라이드의 축소판 그림이 표시되어, 슬라이드 쇼 중에 특정 슬라이드로 쉽게 건너뛸 수 있습니다.(여러 슬라이드 보기 형태처럼 나옵니다.)

⑥**슬라이드 확대** : 슬라이드의 내용을 자세히 표시하려면 슬라이드 확대를 선택한 후 보려는 부분을 가리킵니다.

화면을 확대했을 때 결과 오른쪽 이미지가 원본입니다.

⑦**슬라이드 쇼를 검정으로 설정 / 취소** : 현재 슬라이드를 숨기거나 숨김 해제하려면
[**슬라이드 쇼를 검정으로 설정 / 취소**]를 선택합니다.

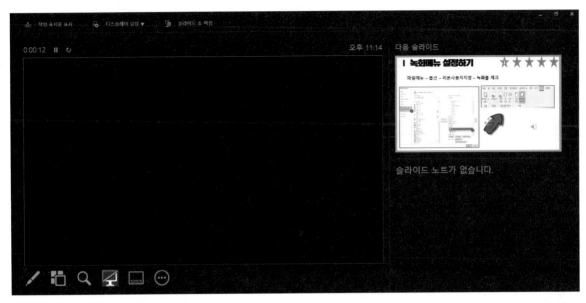

⑧**자막 켜기 / 끄기** : 단추를 누르면 듣는중 이라고 나옵니다. 그러면 마이크로 말을 하면 자막이
찍혀서 나옵니다. 그만하고자 할 때는 한번 더 누르면 끄기가 됩니다.

⑨**슬라이드 쇼 옵션 더 보기** : 슬라이드 쇼와 관련된 옵션을 표시합니다.

⑩**이전 또는 다음** : 슬라이드로 넘어가려면 이전 또는 다음을 선택합니다.

⑪**다음 슬라이드** : 다음에 표시할 슬라이드를 화면에 미리 보여줍니다.

⑫**슬라이드 노트** : 슬라이드 노트에 입력한 텍스트가 표시됩니다.

⑬**텍스트 크기 변경** : 두 개의 단추를 사용하여 슬라이드 노트 창의 텍스트 크기를 변경할 수
있습니다.

4 PPT 슬라이드 쇼 녹화 하기

PPT 자료를 가지고 강의내용을 녹화해서 동영상으로 저장하고자 할 때 다른 녹화 프로그램 없이 파워포인트에서도 녹화를 하고 설명한 내용을 동영상으로 저장할 수 있습니다.

💬 슬라이드 쇼 녹화하기

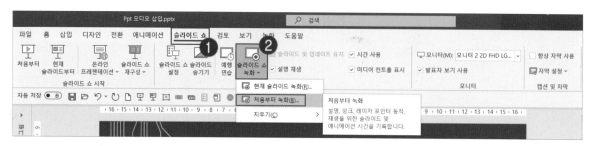

1 ①[슬라이드 쇼] 탭을 클릭합니다. 2 [슬라이드 쇼 녹화] - [처음부터 녹화]를 선택합니다.
현재 슬라이드에서 녹화 : 특정 슬라이드에서 녹화합니다.
처음부터 녹화 : 슬라이드 위치에 상관없이 슬라이드 처음부터 녹화합니다.

💬 녹화 화면 살표보기

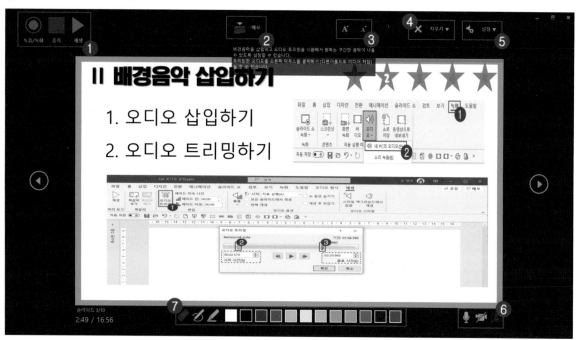

1 ①**녹음 / 녹화** : 녹화를 하고자 할 때 사용합니다. 녹화 버튼을 누르면 그 위치가 '일시 중지'를 모양으로 변경됩니다. 일시적으로 멈추고자 할 때 사용하시면 됩니다.
▶ **중지** : 녹화를 종료할 때 사용합니다. ▶ 녹화된 내용을 미리듣기 할 때 사용합니다.

②**메모** : 슬라이드 노트에 입력한 내용이 나타납니다. 발표를 할 때는 내용을 정리해 두었다가 보면서 화면 녹화를 하면 훨씬 매끄럽게 녹화를 할 수 있습니다.

③**글자 크게 / 축소** : 노트의 입력된 글자를 크게 / 작게 하고자 할 때 사용합니다.

④**지우기** : 녹화한 내용이 마음에 들지 않을 때는 전체 또는 부분슬라이드의 녹화를 지우고 다시 녹화를 할 수 있습니다.

⑤**설정** : 마이크와 비디오를 설정할 수 있습니다.

➡ **녹화 버튼을 누르기 전에 반드시 마이크와 비디오가 제대로 설정이 되어 있는지 꼭 확인해 봅니다.**

⑥**마이크 / 비디오** : 카메라 영상 바로 옆에 있는 사람 모양 아이콘을 클릭하시면, "카메라 미리 보기 끄기" 또는 "카메라 크기"를 선택할 수 있습니다. 카메라(웹캠)으로 촬영되는 부분으로, 슬라이드 쇼 녹화를 할 때 강의(발표)하는 사람의 모습을 같이 보여 주기 위한 기능입니다.

⑦**지우개 / 펜 / 형광펜** : 왼쪽부터 지우개, 펜, 형광펜 아이콘이 있습니다. 오른쪽에 있는 색상을 클릭하면 색상을 바꿀 수 있습니다.

 발표할 때 사용되는 단축키

발표할때 사용하는 단축키 ★ ★ ★ ★ ★

> 포인터를 펜으로 : **CTRL + P**

> 포인터를 형광펜으로 : **CTRL + I**

> 포인터를 화살표로 변경 : **ESC**

> 화면 판서 지우기 : **E**

> 지우개로 변경 : **CTRL + E**

> 포인터를 레이저 포인터로 :

CTRL + L 또는 CTRL + 왼쪽 마우스 클릭

5 비디오 파일 만들기

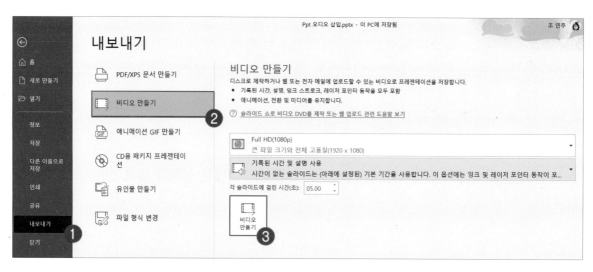

뉴미디어 마케팅 교육 및 출판 전문 기관 SNS소통연구소

1 ①[파일] 탭 - [내보내기]를 선택합니다.

2 ②[비디오 만들기]를 클릭합니다. ③동영상 품질과 '기록된 시간 및 설명 사용'을 선택해
줍니다. ④[비디오 만들기]를 클릭합니다.

💬 동영상 품질 선택

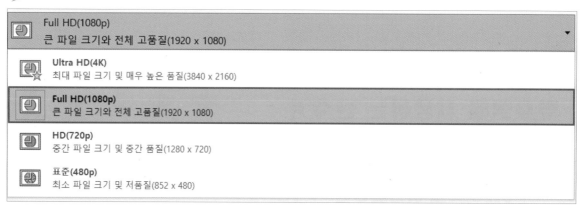

1 일반적으로 많이 사용하는 Full HD(1080p)를 선택하시는 것이 좋습니다.

만약 동영상 화질이 중요하지 않을 경우는 HP(720p) 또는 표준(480p)를 선택하시면 동영상의
용량을 줄 일 수 있습니다.

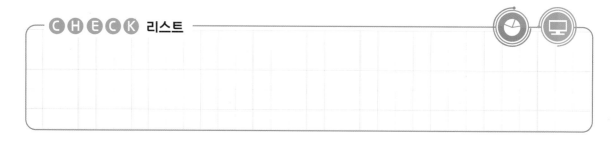

CHECK 리스트

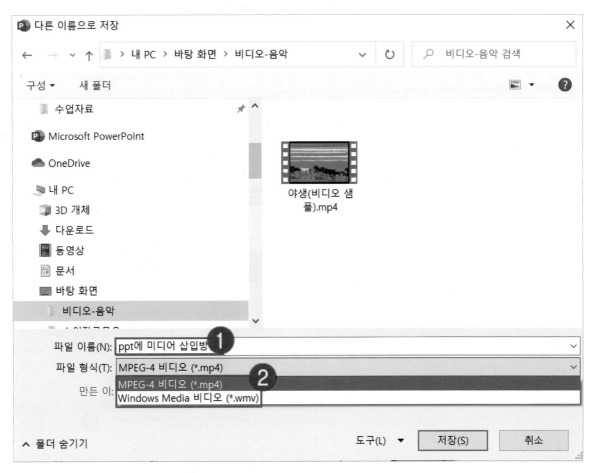

1️⃣ ①비디오 파일 이름을 입력합니다.

2️⃣ ②파일 형식은 두 가지가 있습니다. MP4형식으로 선택하고 [저장]을 선택하시면 됩니다.

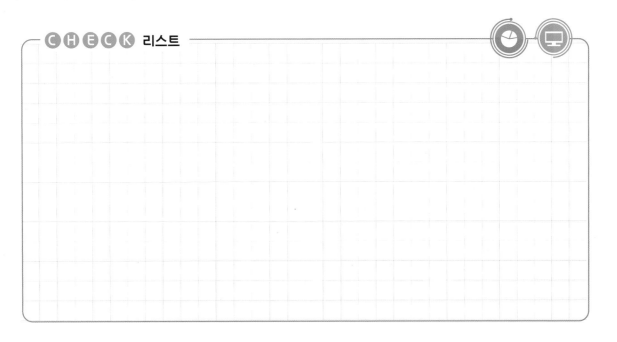

CHECK 리스트

6강 ‖ 가장 유용한 10가지 파워포인트 단축키 활용하기

스캔하시면 관련 영상을
시청하실 수 있습니다.

1 글자 크기 늘이기 / 글자 크기 줄이기 [Ctrl +]] / [Ctrl + [ ]

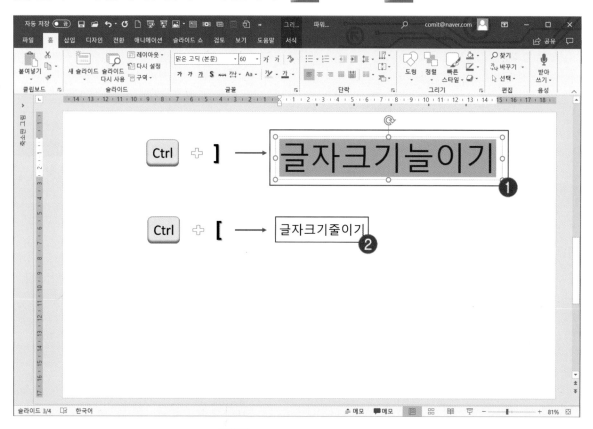

1 ①텍스트를 블록을 지정하고 [Ctrl + [ ]키를 누르면 글자 크기가 커지게 됩니다.

2 ②텍스트를 블록을 지정하고 [Ctrl +]]키를 누르면 글자 크기가 작아지게 됩니다.

3 글자 크기 관련 또 다른 단축키는 [Ctrl + Shift + >] / [Ctrl + Shift + <]입니다.

 TIPS 도형 안에 글자를 모두 선택하고자 할 때는 F2 키를 누르면 도형 안에 글자가 모두 선택 또는 도형의 틀이 선택되기도 합니다

❷ 글자 효과 단축키 [Ctrl + B] / [Ctrl + I] / [Ctrl + U]

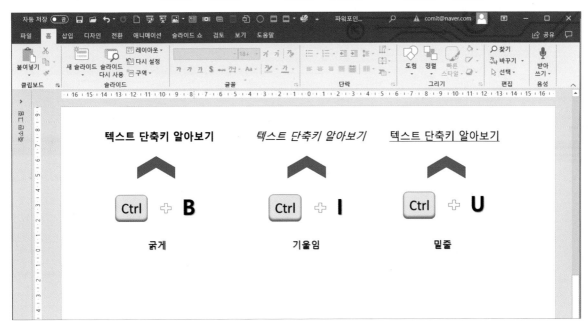

1 글자의 형태와 관련해선 B(Bold, 굵게), I(Italic, 기울임꼴, 이탤릭체), U(Underline, 밑줄)로 단축키가 지정되어 있습니다.

❸ 글자 정렬 [Ctrl + L] / [Ctrl + E] / [Ctrl + R]

도형이나 텍스트 상자에 글자를 입력할 때 글자 정렬 단축키로 빠른 작업을 할 수 있습니다.

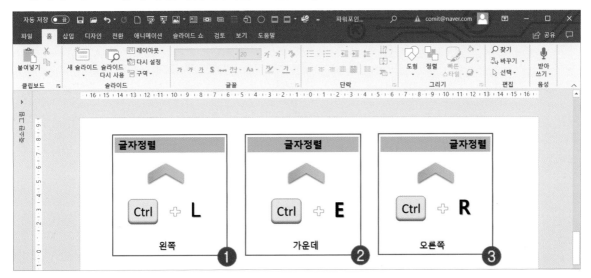

1 ①텍스트 상자에서 글자를 왼쪽 정렬하고자 할 때는 [Ctrl + L]키를 눌러 줍니다.
2 ②텍스트 상자에서 글자를 가운데 정렬하고자 할 때는 [Ctrl + E]키를 눌러 줍니다.
3 ③텍스트 상자에서 글자를 오른쪽 정렬하고자 할 때는 [Ctrl + R]키를 눌러 줍니다.

④ 일정한 간격으로 도형을 복제하는 [Ctrl + D]

같은 도형을 일정한 간격으로 여러 개 만들어야 할 때 사용하는 단축키입니다.

1 ①[삽입] 메뉴 클릭해서 [도형] - [타원]을 선택합니다.

2 ②슬라이드에 드래그해서 정원을 삽입합니다.

TIPS [Ctrl + Shift] 키를 누른 채 드래그하면 정원이 그려집니다.

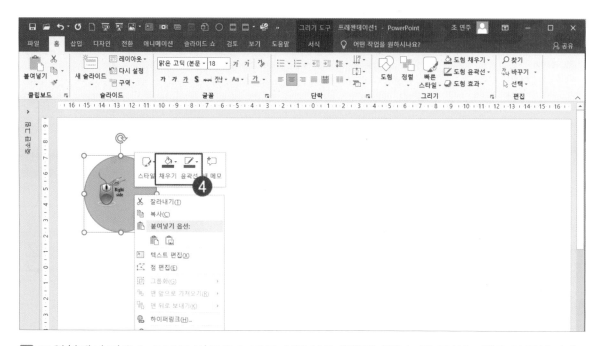

1 ④원형에서 마우스 오른쪽 버튼을 누르고 상단에 [채우기]를 눌러 원하는 색을 클릭합니다.

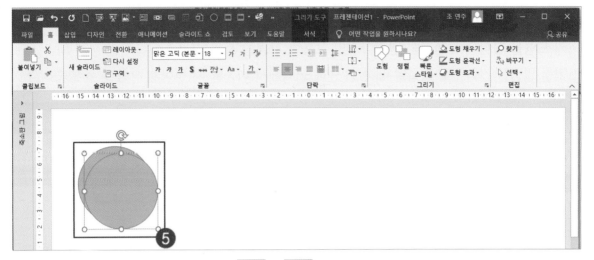

1️⃣ ⑤슬라이드에 원형을 클릭해서 [**Ctrl** + **D**]를 누릅니다.

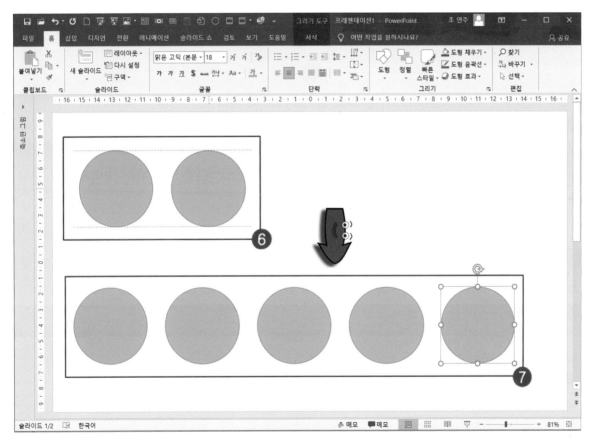

1️⃣ ⑥복제된 원형을 마우스로 이동을 해서 수평을 맞추고 간격을 적당히 배치해서 놓습니다.

⑦[**Ctrl** + **D**]를 3번을 누르면 위쪽 그림처럼 결과가 나옵니다.

TIPS 원의 간격을 일정하게 맞추기 위해서는 [서식] 메뉴에 있는 [맞춤] - [가로 간격을 동일하게]를 선택합니다

⑤ 그룹화하기 / 그룹해제 [Ctrl + G] / [Ctrl + Shift + G]

여러 도형을 하나의 도형처럼 관리하려면 그룹화 기능을 사용합니다. 그룹화를 하게 되면 전체 크기를 일정한 간격으로 조절할 때나 한 번에 선택해서 이동할 때 편하게 사용할 수 있습니다.

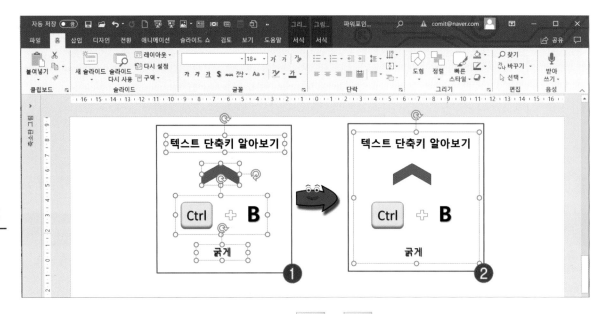

① ①그룹을 하고자 하는 도형을 선택해서 [Ctrl + G]를 눌러 그룹화를 합니다.
② 그룹을 하게 되면 위 그림의 ②번처럼 하나의 개체로 선택이 됩니다. 그룹을 해제하려면
[Ctrl + Shift + G]를 누릅니다. 그룹을 해제하면 위 그림의 ①번처럼 개별적으로 선택이 됩니다.

⑥ 서식복사 / 서식붙여넣기 [Ctrl + Shift + C] / [Ctrl + Shift + C]

도형의 서식이나 텍스트의 서식을 복사하고자 할 때 사용하는 단축키입니다.

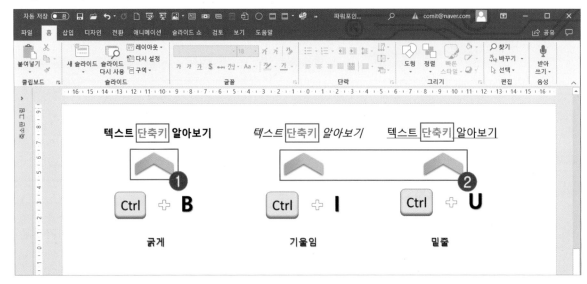

1️⃣ ①서식을 복사할 원본 도형을 클릭해서 서식복사 [Ctrl + Shift + C]키를 눌러줍니다.

②서식을 적용할 도형을 클릭해서 서식붙여넣기 [Ctrl + Shift + V]키를 눌러줍니다.

위 그림에서 텍스트 "단축키" 글자도 그대로 [서식복사]를 해서 [서식붙여넣기]를 했습니다.

글자를 드래그해서 블록을 지정한 후에 명령 단축키를 주어야 됩니다.

TIPS 복사하기 / 붙여넣기 [Clrl + C] / [Ctrl + V]입니다.

7️⃣ 마지막 작업을 반복해 주는 [F4]

마지막 작업을 했던 그대로 다른 텍스트 상자나 도형에도 그대로 적용할 때 사용합니다.

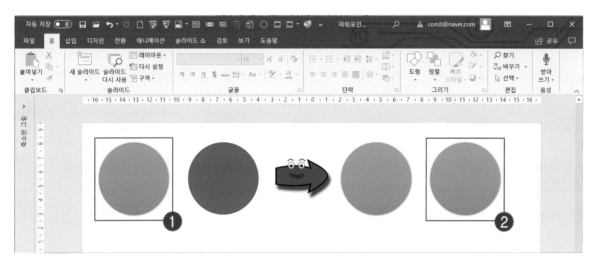

1️⃣ ①원형을 선택해서 [홈] - [빠른스타일]에서 원하는 스타일을 지정합니다.

②적용하고자 하는, 원형을 선택해서 [F4] 키를 누르면 위 그림처럼 적용됩니다.

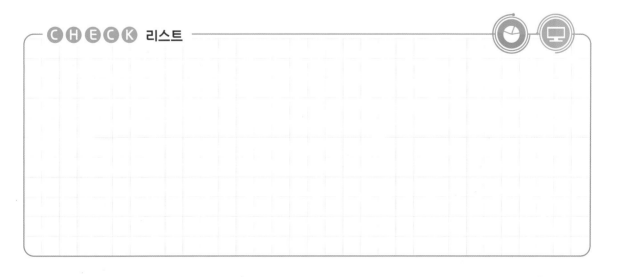

ⓒⒽⒺⒸⓀ 리스트

8 슬라이드 화면 확대 / 축소 [Ctrl + 🖱] / [Ctrl + 🖱]

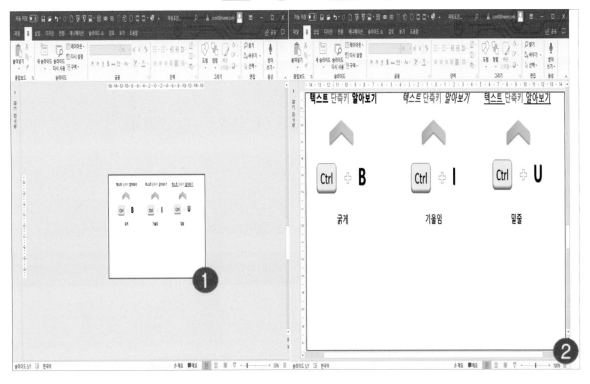

1 ①슬라이드의 화면을 축소하고자 할 때는 Ctrl 키를 누른 상태에서 마우스 휠을 아래로 내립니다.

2 ②슬라이드의 화면을 확대하고자 할 때는 Ctrl 키를 누른 상태에서 마우스 휠을 위로 올립니다.

9 슬라이드 쇼 보기 / 현재 슬라이드 쇼 보기 [F5] / [Shift + F5]

1 슬라이드 위치 상관없이 처음부터 슬라이드 쇼를 하고자 할 때는 [F5]키를 눌러줍니다.

텍스트 단축키

텍스트 단축키 알아보기   텍스트 단축키 알아보기   텍스트 단축키 알아보기

Ctrl + B   Ctrl + I   Ctrl + U

굵게   기울임   밑줄

1 작업하고 있는 현재 슬라이드만 슬라이드 쇼를 하고자 할 때는 [**Shift** + **F5**]키를 눌러 줍니다.

🔟 저장하기 / 다른 이름으로 저장하기 [**Ctrl** + **S**] / [**F12**]

이 파일 저장하기   ✕

파일 이름

텍스트 단축키   .pptx

위치 선택

📁 문서
문서   ▼

기타 저장 옵션 →

저장(S)   취소

1 PPT를 저장할 때 [**Ctrl** + **S**]키를 누릅니다. 파일이름, 저장 위치를 선택하고 [**저장**]을 클릭합니다.

➡ **다른 위치를 바꾸고자 할때는 [기타 저장 옵션]을 눌러서 장소를 선택해 줍니다.**

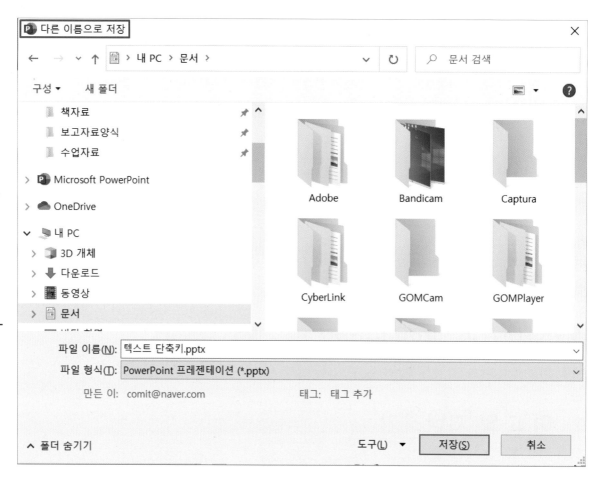

1 이미 저장된 PPT를 다른 이름으로 저장하고자 할 때는 [**F12**]키를 누릅니다.
파일이름, 저장 위치를 선택하고 [**저장**]을 클릭합니다.

이외 유용한 단축키

[**Ctrl** + **M**] : 새 슬라이드 추가

[**Ctrl** + **Z**] : 작업한 내용을 취소할 때

[**Ctrl** + **Y**] : 실행 취소한 내용을 되돌릴 때

[**Ctrl** + **C**] : 복사하기

[**Ctrl** + **V**] : 붙여넣기

[**F2**] : 텍스트를 모두 선택 또는 텍스트 테두리 선택

뉴미디어 마케팅 교육 및 출판 전문 기관 SNS소통연구소

7강 ‖ 무료 콘텐츠 사이트 활용하기

1️⃣ 무료 이미지, 영상 사이트 활용하기

💬 픽사베이 (https://pixabay.com)

Pixabay는 저작권이 없는 이미지와 동영상을 공유하는 사이트로 모든 콘텐츠는 픽사베이 라이센스로 출시되며, 상업적 목적에도 불구하고 예술가에게 허가나 신용을 제공하지 않고 안전하게 사용할 수 있도록 해 줍니다.

그리고 4K와 HD버전으로도 다운받으실 수 있으며, 유일하게 한글검색을 지원하는 사이트입니다.

1️⃣ ①인터넷 구글에서 [픽사베이]를 검색합니다. ②검색결과에서 [픽사베이]를 클릭합니다.

1️⃣ 픽사베이 홈 화면입니다. 검색창에 찾고자하는 내용 ①[여름]을 입력한 다음 사진이나 동영상을 다운 받을 때는 ②[이미지]를 클릭한 다음 원하는 메뉴를 선택합니다.

☑ 여름으로 검색된 [이미지] 중에서 하나를 클릭합니다.

☑ ①[무료 다운로드]를 클릭하면 아래에 이미지 크기가 나타납니다. 원하는 사이즈를 선택한
다음 ②[다운로드]를 클릭합니다.

☑ 이미지를 다운로드 받을 때에는 ①[로봇이 아닙니다.]를 클릭하여 체크한 다음
②[다운로드]를 클릭하면 내 컴퓨터에 이미지가 저장됩니다.

💬 언스플래쉬(https://unsplash.com)

언스플래쉬는 개인적으로도 사용 가능한 것은 물론, 상업적으로도 출처를 밝히지 않고도 사용할 수 있는 사진을 제공하며, 방대한 양의 퀄리티 높은 사진들로 가득합니다.

Unsplash 메인화면입니다. 무수히 많은 사진들이 카테고리화 되어있는 것을 볼 수 있네요. 자연, 건축, 동물, 텍스쳐, 여행, 음식 사진 등등... 더 자세한 항목을 검색하고 싶으시다면, 검색창에 키워드를 입력하여 본인이 원하는 이미지를 찾을 수 있습니다. 감성적이고 분위기 있는 사진들도 많이 올라와 있는데, 저는 가끔 사진만 구경하러 찾아가기도 하는 사이트이기도 합니다. 블로그를 하시는 분들은 블로그에 올릴 수 있는 예쁜 이미지를 찾기에도 좋을것 같네요. Unsplash의 사진들은 따로 회원가입 없이 사진을 다운받을 수 있어서, 누구나 편리하게 이용이 가능합니다.

1 ①인터넷 구글에서 [**언스플래쉬**]를 검색합니다. ②검색결과에서 [**Unsplash**]를 클릭합니다.

1 언스플래쉬(Unsplash) 홈 화면입니다. 검색창에 찾고자하는 내용 [**바다**]을 입력하고 엔터키를 누릅니다.

 TIPS 한글과 영어의 검색결과가 다르다는 점 참고하세요

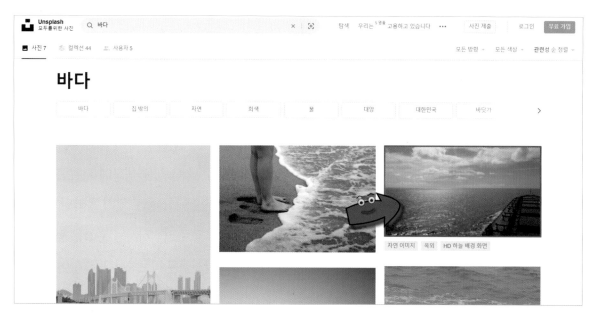

뉴미디어 마케팅 교육 및 출판 전문 기관 SNS소통연구소

1️⃣ 바다로 검색된 [이미지] 중에서 하나를 클릭합니다.

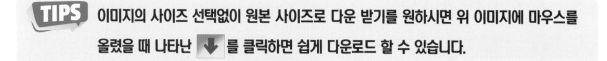

TIPS 이미지의 사이즈 선택없이 원본 사이즈로 다운 받기를 원하시면 위 이미지에 마우스를 올렸을 때 나타난 ⬇️ 를 클릭하면 쉽게 다운로드 할 수 있습니다.

1️⃣ 오른쪽 위 [**무료 다운로드**]를 클릭해서 컴퓨터에 다운받습니다. 다운로드 옆 [V]를 클릭 하면 이미지를 원하는 사이즈로 선택하여 다운로드 할 수 있습니다.

💬 플랫아이콘 (https://www.flaticon.com)

330만 개 가까이 되는 아이콘 이미지를 제공하는 사이트랍니다.

5개의 언어 옵션에서 한국어도 제공이 됩니다. 매일 5000명 이상이 검색하며 이용을 하는 사이트입니다.

다운로드 형식은 png, svg, eps, psd등 다양한 포맷을 제공하며 png포맷으로 다운 받으면 다양한 크기로 설정 및 다운받을 수 있습니다. 상업적 목적으로 무료 이용이 가능한데, 출처 표시가 필요합니다. 무료 다운일 경우에는 다운로드 버튼 밑에 표시되는 URL을 복사해서 업로드 하는 곳에 링크를 걸어줘야 한답니다!

1️⃣ ①인터넷 구글에서 [플랫아이콘]을 검색합니다. ②검색결과에서 [무료 벡터 아이콘 - SVG, PSD, PNG, EPS 및 아이콘 폰트]를 클릭합니다.

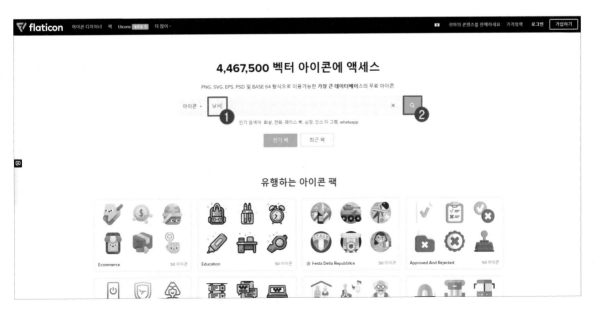

1️⃣ 플랫아이콘(Flaticon) 홈 화면입니다. ①[날씨]를 입력한 다음 오른쪽 ②[돋보기모양]을 클릭합니다.

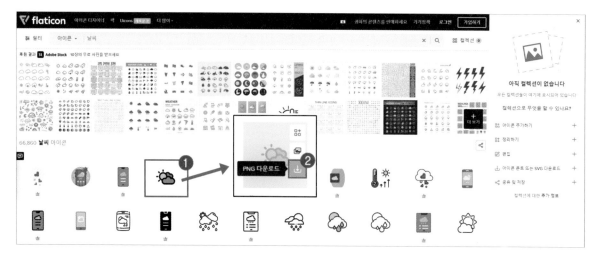

1️⃣ 날씨로 검색된 ①[**이미지**] 중에서 하나에 마우스를 올리면 나타나는 세가지 메뉴 중에서 ②[**PNG 다운로드**]를 클릭합니다.

1️⃣ [**무료 다운로드**]를 클릭합니다.

웹에 아이콘을 사용할 때에는 꼭 링크주소를 함께 올려야 합니다.

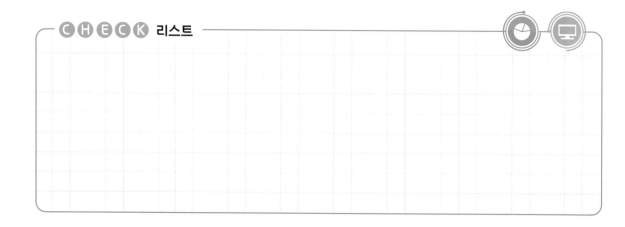

ⒸⒽⒺⒸⓀ 리스트

구글 이미지(https://www.google.co.kr/imghp?hl=ko)

구글 이미지는 구글이 제장하여 2001년 7월부터 시작한 검색 서비스로 이미지를 바로 업로드해서
비슷한 이미지를 찾아주는데 선명한 이미지일수록 80~90% 정확하게 검색해 줍니다.
본인이 찾는 이미지가 자칫 상업적으로 이용하는 경우도 있기 때문에 검색해서 나온 이미지를 사용할
때는 저장권이나 상업적 이용이 가능한지 반드시 확인하고 사용하면 됩니다.

1 ①인터넷 구글에서 [**구글이미지**]를 검색합니다.
②검색결과에서 [Google- 이미지 검색]을 클릭합니다.

1 Google 홈 화면입니다. ①[**여름**]를 입력한 다음 오른쪽 4가지 메뉴 중
②[**돋보기모양**]을 클릭합니다.

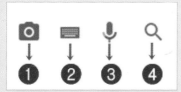

①이미지로 검색 : 텍스트가 아닌 이미지로 Google에서 검색
②입력도구 : 텍스트로 검색
③음성검색 : 음성으로 말하면 텍스트로 입력되어 검색 ④찾기

1 여름으로 검색된 [이미지]가 나옵니다. 무료 이미지를 다운받기위해 ①[도구]를 클릭한 다음 ②[사용권]을 클릭하면 아래의 메뉴 중에서 ③[크리에이티브 커먼즈 라이선스]를 클릭합니다.

TIPS [크리에이티브 커먼즈 라이선스]란 저작권 침해 소지가 없는 사진 등 비영리 저작물에 대한 사전 이용 허락 표시로 저작권자가 사용 조건을 미리 알린 크리에이티브 커먼즈 라이선스 저작물에 한해 사용자는 저작권자에게 일일이 허락을 구하지 않고 조건을 따라 저작물을 사용할 수 있다 (네이버 지식 백과에서 참조)

1 여름으로 검색된 [이미지] 중에서 하나를 클릭합니다.

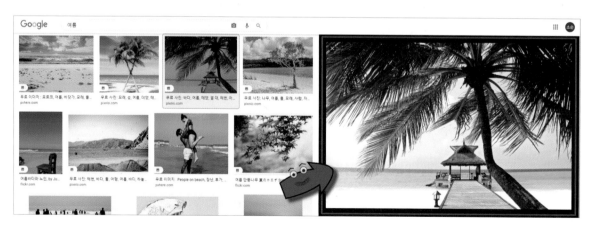

1 오른쪽에 나온 [사진]을 한번 더 클릭해 줍니다.

뉴미디어 마케팅 교육 및 출판 전문 기관 SNS소통연구소

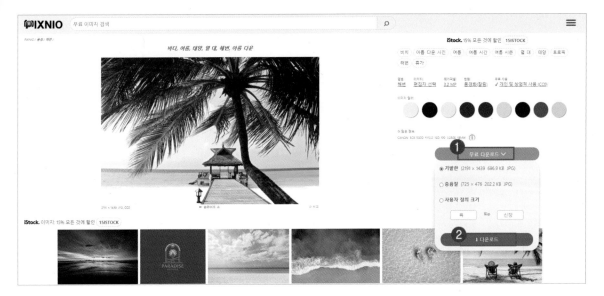

1 사진을 다운로드하기 위해 오른쪽 ①[**무료 다운로드**]를 클릭한 다음 아래의
②[**다운로드**]를 클릭해서 컴퓨터에 다운받습니다.

💬 **프리픽(https://kr.freepik.com)**

프리픽(Freepik) 사이트는 다양한 저작권 없는 무료 이미지 일러스트를 제공하고 있는 사이트로,
고품질 사진, 벡터 이미지, 일러스트레이션 및 PSD 파일을 찾을 수 있도록 도와주는 웹 사이트입니다.

1 ①인터넷 구글에서 [**프리픽**]을 검색합니다.
②검색결과에서 [**무료 벡터, 스톡 포토, PSD 다운로드**]를 클릭합니다.

C H E C K **리스트**

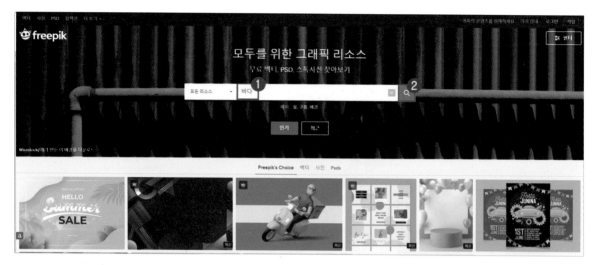

1 프리픽 홈 화면입니다. ①[바다]를 입력한 다음 오른쪽 ②[돋보기모양]을 클릭합니다.

1 바다로 검색된 [이미지] 중에서 하나에 클릭합니다.

하지만 한글보다는 영문으로 검색하면 훨씬 다양한 이미지를 볼 수 있습니다.

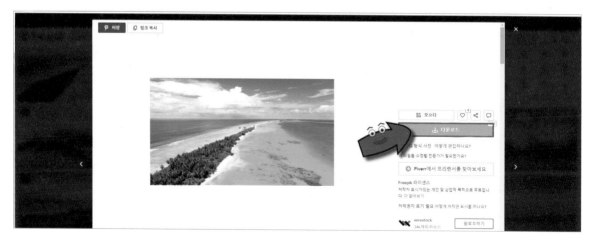

1 오른쪽 [다운로드]를 클릭합니다.

1 무료다운로드 옆 ①[▼] 클릭해서 ②[원하는 사진 파일 사이즈]를 클릭해서 컴퓨터에
다운받습니다.

💬 벡터스톡(https://www.vectorstock.com)

벡터스톡(VectorStock)은 세계 최고의 벡터 전용 이미지 마켓 플레이스입니다.

Vector 전용이미지, 그래픽, 아이콘 및 일러스트레이션만 나타내고 비트맵 이미지는 표시하지 않
습니다.

비트맵 파일은 작은 색상의 점들로 구성된 이미지로 픽셀로 불려지는데, 벡터 이미지 파일에는 픽
셀이 없습니다. 몇 개의 점과 점을 연결하여 모양을 그리는 선으로 일러스트레이션된 이미지에 가
장 적합합니다.

1 ①인터넷 구글에서 [벡터스톡]을 검색합니다. ②검색결과에서 [VectorStoc-Vector
Art, Images, Graphics & Clipart]를 클릭합니다.

1 벡터스톡 홈 화면입니다. ①[bear]을 입력한 다음 오른쪽 ②[돋보기모양]을 클릭합니다.

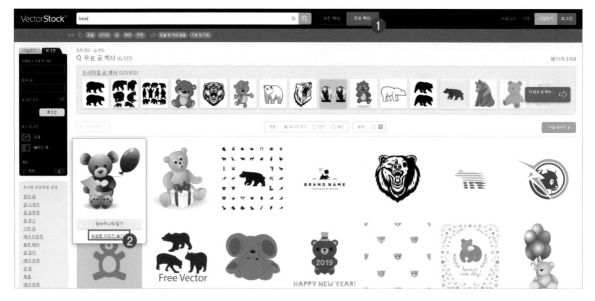

1 bear로 검색된 결과창에서 ①[무료 벡터]를 클릭한 다음 원하는 이미지위에 마우스를
올린 다음 나타난 메뉴중에서 ②[비슷한 이미지 보기]를 클릭합니다.

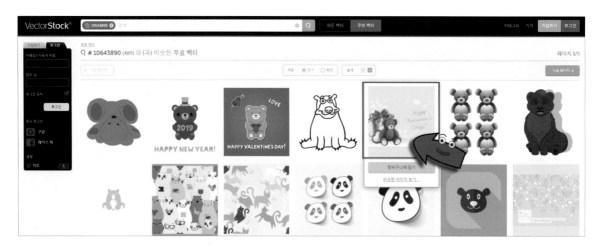

1 무료 벡터로 검색된 [이미지] 중에서 하나에 클릭합니다.

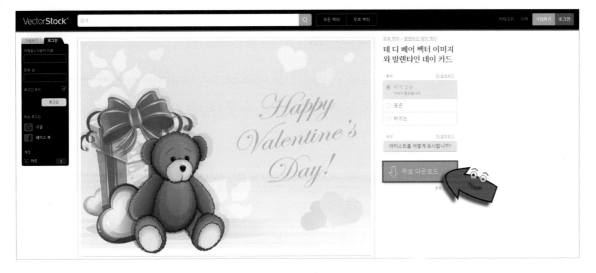

1 오른쪽 [**무료 다운로드**]를 클릭합니다.

1 [**무료 벡터 다운로드**]를 클릭해서 컴퓨터에 다운받습니다.

CHECK 리스트

포디자이너스(http://www.fordesigner.com)

포디자이너스는 검색기능도 있지만, 언제 한 번 시간을 내어 모든 카테고리를 쭉 살펴보면서 괜찮은
소스들을 찾아보는 것을 권합니다. 잘 살펴보면 유료 소스 못지않은 숨은 진주들을 얻을 수 있기
때문입니다.

1 ①인터넷 네이버에서 [포디자이너스]을 검색합니다. ②검색결과에서
[Download Free Vector, PSD, FLASH, JPG—www.fordesigner.com]을 클릭합니다.

1 벡터스톡 홈 화면입니다. 왼쪽의 카테고리 중에서 ①[벡터 플라워]를 클릭한 다음 원하는
②[사진]을 클릭합니다. 마우스 휠을 움직이면 다양한 사진들을 볼 수 있습니다.

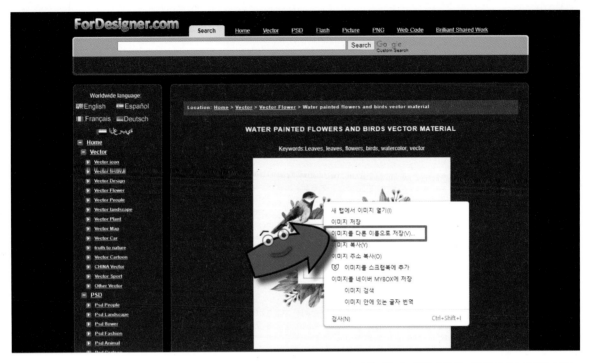

1 이미지에서 마우스오른쪽을 클릭한 다음 나온 메뉴 중에서 [**이미지를 다른 이름으로 저장**]을 클릭합니다.

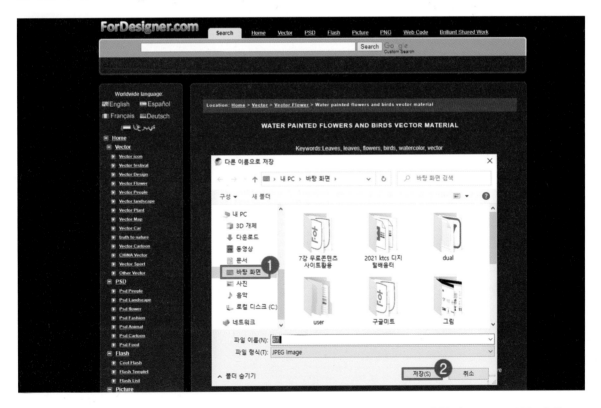

1 다른 이름으로 저장 대화상자가 나오면 왼쪽 저장위치를 ① **[바탕화면]**을 클릭한 다음 ②**[저장]**을 클릭합니다.

퍼블릭도메인벡터스(https://publicdomainvectors.org/ko)

퍼블릭도메인벡터스(Publicdomainvectors)는 누구나 사용할 수 있도록 공개된 벡터 이미지를 모아둔 이미지 사이트입니다. 한글로도 검색되어 편리하게 사용할 수 있습니다.

1 ①인터넷 구글에서 [**퍼블릭도메인벡터스**]를 검색합니다. ②검색결과에 [**공용 도메인 벡터 : 로열티 없는 벡터 클립아트와 그래픽들**]을 클릭합니다.

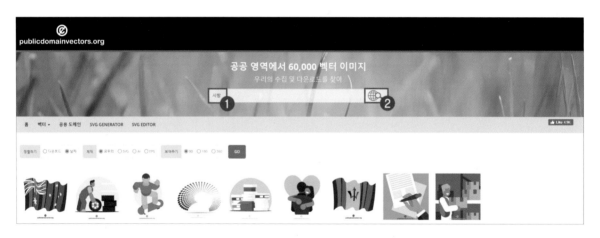

1 퍼블릭도메인벡터스 홈 화면입니다. ①[**사랑**]을 입력한 다음 오른쪽 ②[**돋보기모양**]을 클릭합니다.

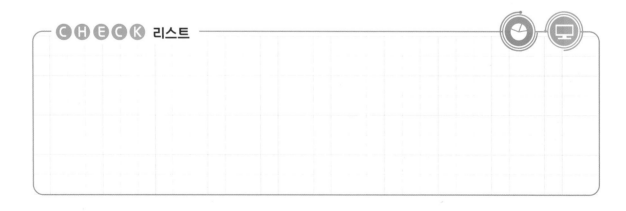

CHECK 리스트

1️⃣ 사랑으로 검색된 [이미지] 중에서 하나에 클릭합니다.

1️⃣ 이미지에서 마우스오른쪽을 클릭한 다음 나온 메뉴 중에서 [이미지를 다른 이름으로 저장]을 클릭합니다.

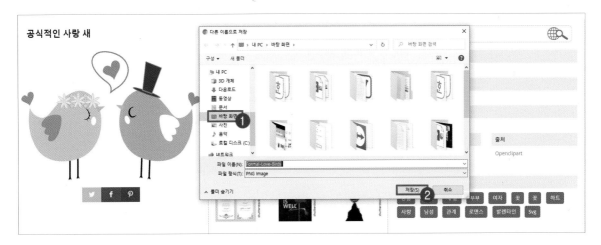

1️⃣ 다른 이름으로 저장 대화상자가 나오면 왼쪽 저장위치를 ①[바탕화면]을 클릭한 다음 ②[저장]을 클릭합니다.

② 무료 음악 사이트 활용하기

💬 무료 BGM 사이트 셀바이뮤직(Sellbuymusic)

우리나라를 대표하는 음악플랫폼 중에 뮤직플랫의 '셀바이뮤직(Sellbuymusic)'이 있습니다.
셀바이뮤직에서는 음원 컨텐츠를 자유롭게 판매도 할 수 있고, 음원을 들어보고 사용하고 싶은 사람은
저작권 문제가 해결된 음원을 구매할 수도 있는 서비스입니다. 셀바이뮤직 서비스의 음원은 100%
저작권 문제가 해결된 음원이기 때문에 걱정없이 사용해도 좋습니다.

1 인터넷 검색창에 [셀바이뮤직]을 검색해서 검색 결과의 [BGM 사이트 셀바이뮤직]을
클릭합니다.

1 상단에 [로그인 / 회원가입]을 클릭해서 회원가입을 합니다.

➡ 셀바이뮤직은 [개인회원가입]을 하면 상업적 사용가능하며 하루 1곡씩 무료 다운로드를 제공
합니다. (월 30곡 무료 다운로드 받을 수 있습니다.)

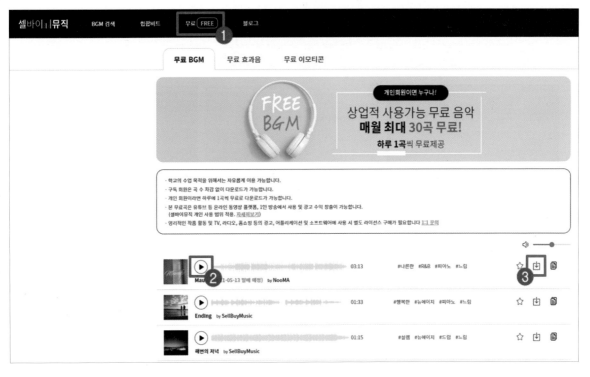

1 ①상단에 [무료(free)]를 클릭합니다

②하단의 목록에서 [▶](미리듣기)를 클릭해서 음악을 들어봅니다.

③마음에 들면 [다운로드] 단추를 눌러 저장을 합니다.

TIPS 셀바이뮤직에서는 [무료 효과음], [무료 이모티콘]을 다운로드 받을 수 있습니다.
(단 개인회원 가입이 되어 있어야 합니다.)

만약에 무료로 제공하는 음원이 조금 부족하다면 [셀바이뮤직] 사이트에서 구독해서
장르별로 자기가 원하는 BGM 다운로드를 하시면 됩니다.

CHECK 리스트

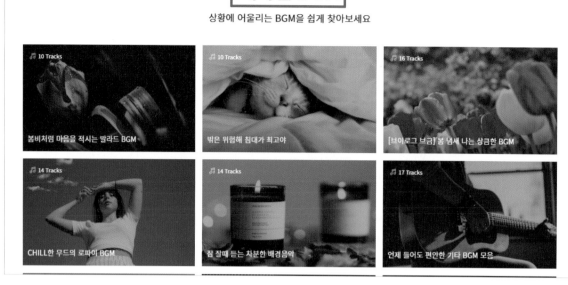

BGM 이용 요금 알아보기

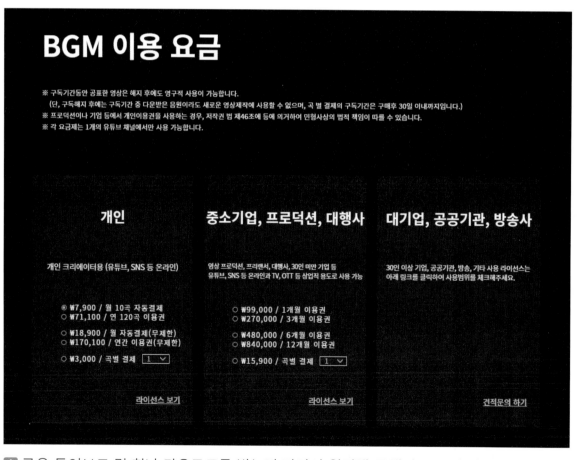

1️⃣ 곡을 들어보고 몇 회나 다운로드를 받는지 따라서 월정액 금액이 조금씩 달라집니다.
개인이라면 [개인]로 구매를 하시면 됩니다.

💬 YouTube 오디오 라이브러리

YouTube 오디오 보관함에서 저작권료가 없는 프로덕션 음악과 음향 효과를 찾아 동영상에 사용
할 수 있습니다.

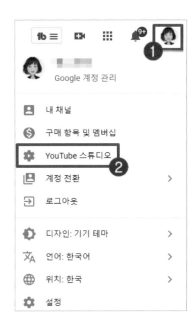

1️⃣ ①**YouTube** 사이트에서 [**로그인**]을 합니다. 상단 오른쪽에 [**로고 아이콘**]을 클릭합니다.
②[**YouTube 스튜디오**]를 클릭합니다. 2️⃣ 왼쪽에 [**오디오 보관함**]을 클릭합니다.

CⒽⒺⒸⓀ 리스트

1 [오디오 보관함]에서 [무료 음악]탭에서 [보관함 검색 또는 필터링]을 사용하여 동영상에 넣을 트랙을 찾습니다. (검색창에 트랙 제목이나 아티스트, 키워드를 입력하여 특정 트랙을 찾을 수 있습니다. 또한 트랙 제목, 장르, 분위기, 아티스트 이름, 저작자 표시, 길이(초 기준) 별로 음악을 필터링할 수도 있습니다). [저작권 표시 필요 없음]을 클릭합니다.
(출처를 밝히지 않아도 되기 때문에 편하게 사용할 수 있습니다.)

트랙 제목 옆에 있는 별표 아이콘을 클릭하여 좋아하는 트랙을 저장할 때는 [즐겨찾기]탭을 클릭하면 좋아하는 트랙 목록을 볼 수 있습니다.

1 오디오 재생 및 오프라인 저장

트랙을 들어보려면 [▶]을 클릭해서 마음에 드는 음악이 있다면 날짜 위로 마우스를 가져가 [다운로드]를 클릭해 MP3 파일로 저장합니다.

 YouTube 오디오 라이브러리에서는 [음향 효과]도 똑같은 방법으로 다운로드해서 사용할 수 있습니다.

뉴미디어 마케팅 교육 및 출판 전문 기관 SNS소통연구소

💬 밴사운드(bensound)

밴사운드(Bensound.com)에서는 음악을 다운 받을 수 있는 사이트입니다. 제공하는 음악 중 일부는 무료로 저작권을 표시하고 다운받아 사용할 수 있습니다.
(**YouTube** 에 올릴 때는 저작자를 표시해 주어야 저작권에 걸리지 않습니다.)

크롬 브라우저로 접속을 했다면 우측 버튼을 눌러 한국어를 선택하면 한국어로 번역된 사이트 내용을 볼 수 있습니다.

▐1▌ ①인터넷 검색창에서 [**밴사운드**]를 검색합니다.
②검색목록에서 [Royalty Free Music by Bensound | Stock Music]를 클릭합니다.

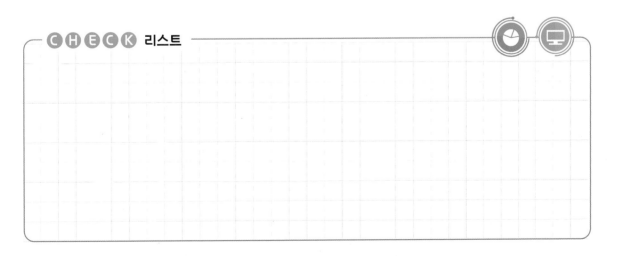

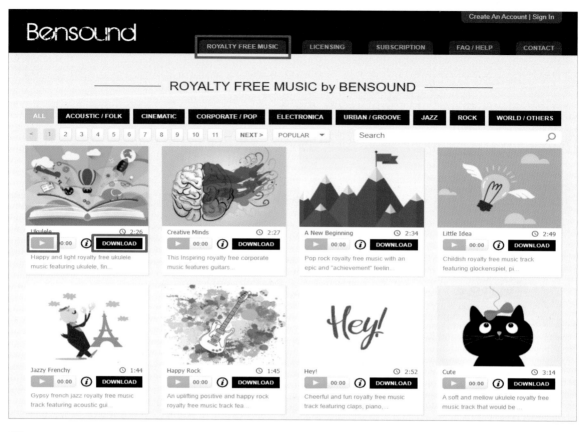

1 [로열티 무료 음악] 탭에 '모든 장르'가 기본으로 나옵니다.

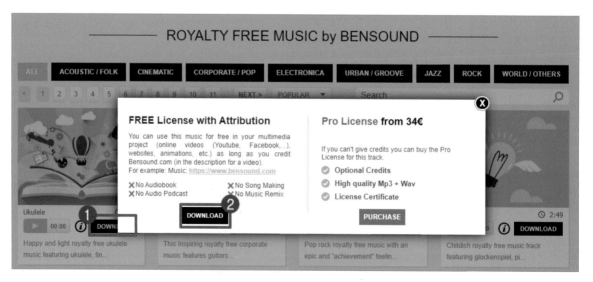

1 ①원하는 음악에서 [▶] 재생을 눌러 보고 마음에 들면 [DOWNLOAD]를 눌러 저장을 합니다. ②[FREE License with Attribution]에서 [DOWNLOAD]를 클릭합니다.

 저작권 표시 주소를 설명란에 넣어주어야 합니다. 'https://www.bensound.com'

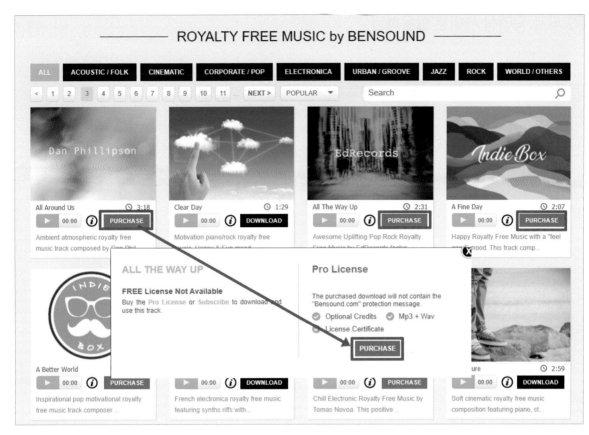

1 유료일 경우는 [PURCHASE]가 표시되어서 나옵니다.

ⒸⒽⒺⒸⓀ 리스트

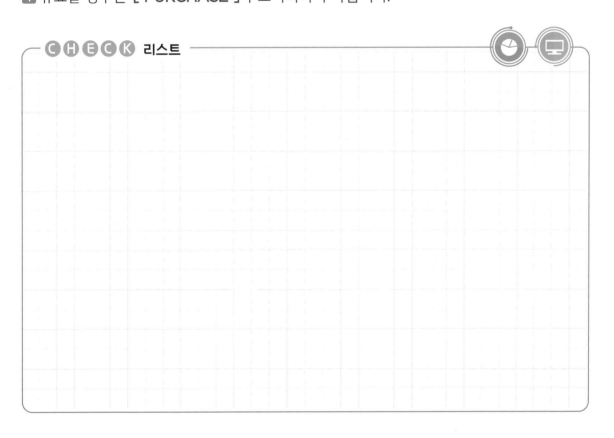

❸ 무료 동영상 사이트 활용하기

💬 히토미 다운로더(YouTube, 토렌트 외 여러 가지 수집형 다운로드 프로그램)

웹사이트에 있는 미디어 파일을 긁어와서 내 컴퓨터에 저장하는 프로그램입니다. 히토미 말고도 YouTube, 트위치, 니코 등 거의 대부분의 사이트에 있는 동영상, 이미지 파일 추출 및 일괄 다운로드가 가능합니다.

[장점]

만화사이트의 경우 작가별로 폴더 생성, 이미지 일괄 다운, 순차 정렬을 모두 해줘서 편리합니다.

동영상사이트의 경우 최고화질, 최고음질로 빠른 속도(10mb/s 이상)로 다운로드해서 좋습니다.

[단점]

현재 GitHub에서 KurtBestor라는 개발자가 관리하고 있으며 주기적으로 업데이트되고 있습니다.

윈도우 32비트 버전은 2.7에서 개발이 멈춰있고 윈도우 64비트 버전만 배포하고 있습니다.

즉, 윈도우 32비트 버전 사용자 분들은 최신 히토미 다운로더를 사용하실 수 없습니다.

설치 및 실행방법

▣ ①인터넷 검색란에 [hitomi downloader]를 입력합니다.

②검색 결과에서 [GitHub - KurtBestor/Hitomi-Downloader...]를 클릭합니다.

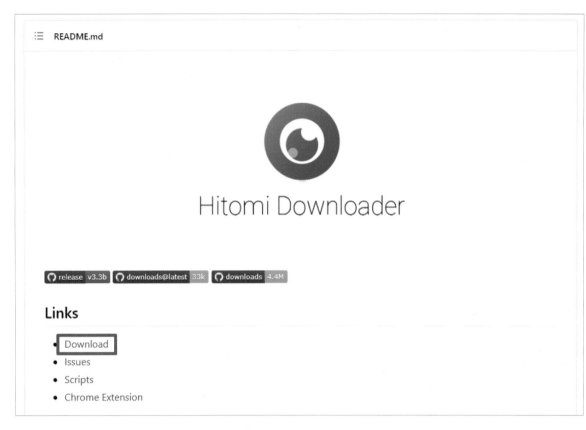

1 그림 아래쪽에 [Download]를 클릭합니다.

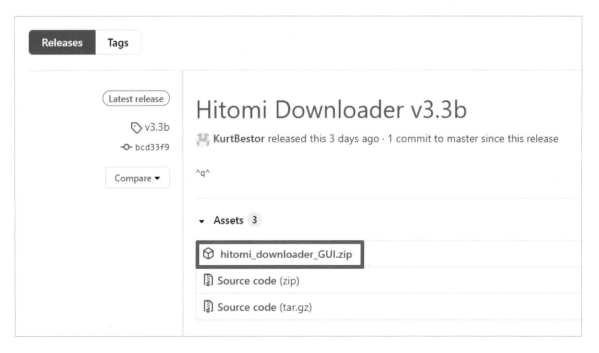

1 [hitomi_downloader_GUI.zip]를 클릭해서 저장을 합니다.

1️⃣ 다운로드 받은 압축 아이콘에서 오른쪽 마우스를 클릭 - [hitomi_downloader_
GUI₩에 풀기]를 클릭합니다. 압축파일이 풀린 폴더 더블클릭 - [hitomi_downloader_
GUI.exe]를 더블클릭해서 실행합니다.

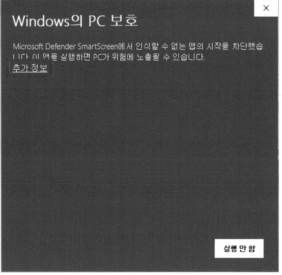
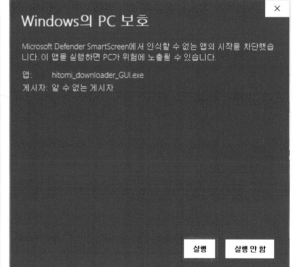

1️⃣ Windows의 PC 보호창이 뜨면 왼쪽 상단의 [추가정보]를 클릭하고 아래 생기는
[실행]을 클릭합니다.

CHECK 리스트

히토미 다운로더 사용법

1 **YouTube**에 들어가서 다운로드를 받고자 영상을 검색합니다. 검색목록에서 영상을 클릭합니다.

①동영상 창의 상단의 **YouTube** 주소에서 오른쪽 마우스를 클릭합니다.

②[**복사**]를 클릭합니다.

C H E C K 리스트

1 ①URL 칸에 붙여넣기 해준 뒤 오른쪽 [**파란 다운로드**] 버튼을 클릭합니다. ②다운 버튼 [**오른쪽 ▼**]을 클릭하면 페이지 지정, 선택, mp4, mp3 등 세부 설정을 할 수 있고, 그냥 다운로드 아이콘만 누르면 자동으로 최고 화질, 최고 음질 동영상으로 다운로드 됩니다.

> **TIPS** 다운 완료된 파일을 더블클릭하면 바로 재생이 됩니다. 목록에서 폴더 위치 열기, 삭제 등을 할 수 있습니다.

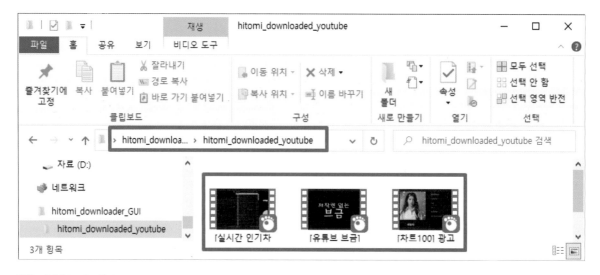

1 파일들은 [hitomi_downloader_GUI] 폴더에 각 사이트별로 폴더를 생성해서 그곳에 저장됩니다.

뉴미디어 마케팅 교육 및 출판 전문 기관 SNS소통연구소

자동으로 다운로드하는 방법

히토미 다운로더의 URL에 주소를 붙여 넣기를 하지 않아도 다운로드 받고자 하는 주소에서 복사를
하면 바로 다운로드가 되도록 설정하는 방법입니다.

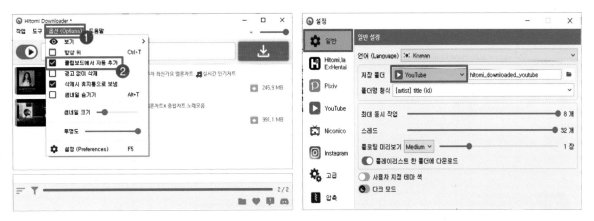

1 [옵션] - [클립보드에서 자동 추가]를 선택해 줍니다.
2 [옵션] - [설정]에 들어가면 각 사이트 마다 다운로드 저장 위치를 변경할 수 있습니다.

스마트한 강사가 되고 싶으신가요 시리즈 1, 2

CHECK 리스트

💬 비디보(https://www.videvo.net)

편집되지 않은 원본 영상(Footage)과 그래픽 영상(Motion Graphics)을 필터링해 검색할 수 있습니다. (단 한국어는 지원하지 않습니다.)

수천 개의 무료 스톡 비디오, 모션 그래픽, 음악 트랙, 음향 효과 모두 한 곳에 있습니다.

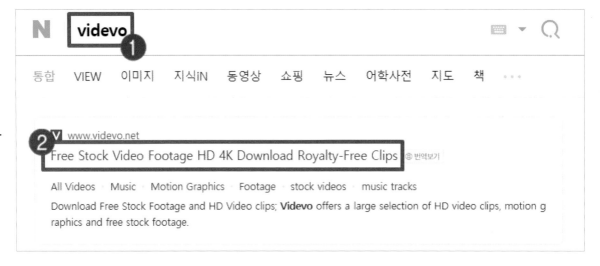

■ ①인터넷 검색창에서 [videvo] 입력한 후 검색을 합니다.

②검색 목록에서 [Free Stock Video Footage HD 4K Download Royalty-Free Clips]를 클릭합니다.

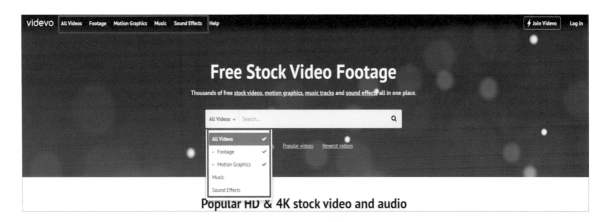

■ 영상 뿐만 아니라 배경음, 효과음 같은 것도 다운받을 수 있어 영상 제작시 필요한 영상 뿐만 아니라 배경음 또 효과음 같은 경우 게임을 만들 때도 유용하게 사용할 수 있습니다.

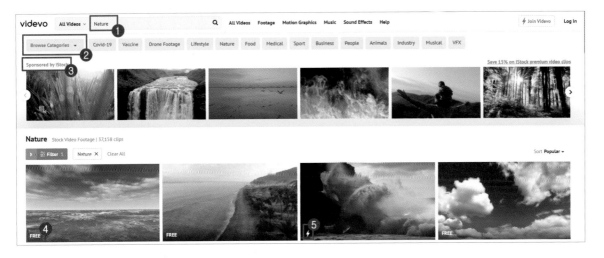

1 ①검색란에 원하는 영상을 검색할 수 있습니다. (영문으로 검색합니다.)

②카테고리를 눌러 원하는 [카테고리]를 선택해 줍니다.

③[Sponsored by iStock]에 있는 영상은 유료입니다.

④[Free]라고 되어있는 영상만 무료로 받을 수 있습니다.

⑤[⚡] 번개모양은 프리미엄 영상입니다.

 영상에 마우스를 가져다 놓으면 미리보기를 할 수 있습니다.

영상 다운로드 하기

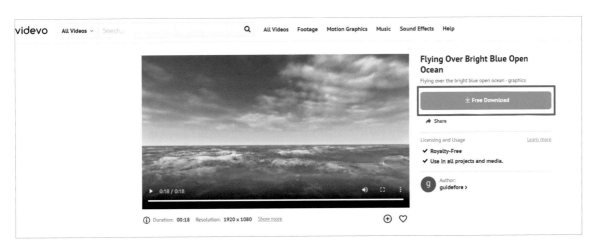

1 다운로드 받을 영상을 클릭합니다. [Free Download]를 클릭해서 저장해줍니다.

음악 다운로드

비디보에서는 음악, 효과음도 다운로드 할 수 있습니다.

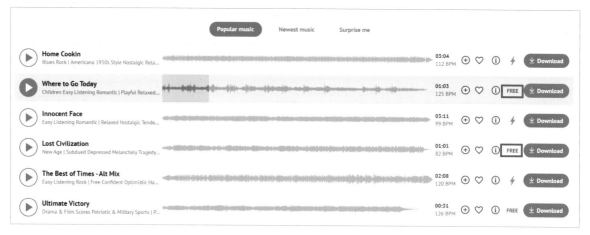

1️⃣ 상단에 [Music]를 눌러 원하는 장르를 선택합니다.

목록에서 오른쪽에 [FREE] 되어 있는 음악은 무료로 다운로드 할 수 있습니다.

💬 COVERR (https://coverr.co)

짧은 영상과, 고화질의 사진 컷들을 무료로 이용할 수 있습니다. 카테고리별로 분류도 되어있긴 하지만, 유료도 많아서 무료 영상을 찾고자 할때는 FREE라는 키워드를 치고 영상이나 쓸만한 사진들을 모으는 게 좋을 것 같습니다.

1️⃣ ①인터넷 검색창에서 [coverr.co]입력한후 검색을 합니다.

②검색 목록에서 [Free Stock Footage | Royalty Free Videos for Download | Coverr]를 클릭합니다.

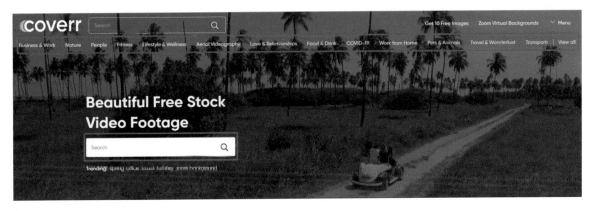

1 상단에 원하는 [카테고리]를 클릭하셔도 되고 원하는 영상을 검색을 하셔도 됩니다.

1 ①영상 검색을 하면 아래쪽에 [Free Strock Videos:] 아래 영상이 나옵니다.

②다운로드 하고자 하는 영상에서 [⬇]를 클릭해서 저장합니다.

CHECK 리스트

❹ 무료 폰트 사이트 활용하기

폰트도 저작권이 있기 때문에 저작권이 없는 사이트에서 다운로드를 받아서 사용 하셔야 됩니다.

 눈누

상업적으로 이용 가능한 모든 폰트들이 한 곳에 모아 놓은 사이트입니다. 사이트안에서 바로 '폰트 미리 보기' 기능으로 폰트를 미리 확인이 가능합니다.

■ ①인터넷 검색창에서 [눈누]입력한 후 검색을 합니다.
②검색 목록에서 [눈누 상업용 무료한글폰트 사이트]를 클릭합니다.

CHECK 리스트

1 [전체 폰트 적용]란 TEST 삼아 글자를 입력하면 하단에 모든 글씨체 들이 즉각 적용해서 한 눈에 비교할 수가 있습니다.

스크롤 해서 하단으로 쭈욱 ↓내려가면서 마음에 드는 글씨체를 찾아 클릭합니다.

1 [다운로드]를 클릭합니다.

다운로드

양진체 다운받기   TTF 다운로드, ver 0.9

※ 폰트는 PC에서 다운받으실 수 있습니다.

※ OTF파일에 문제가 있어 이제 TTF파일만 다운받으실 수 있습니다.

※ TTF파일도 문제없이 맥에서 설치 및 사용이 가능합니다.

※ 폰트 관련 문의는 supernovice.lab@gmail.com으로 보내주세요.

※ 아이패드에서 사용하고 싶으신 분은 아래의 [다운로드]를 터치하셔서 받아주시고 오른쪽에 있는 설치방법 링크(스페이스대디님의 블로그)를 참조해주세요.

1️⃣ 글꼴 화면에서 아래쪽으로 쭈욱 ↓내려가면 다운로드 화면이 나타납니다.

[TTF 다운로드, ver 0.9]를 클릭합니다.

 여기서 잠깐!!

운영체제에 따라 폰트 다운로드 파일이 다릅니다.

[TTF 다운로드] 윈도우용입니다.

[OTF 다운로드] 애플 맥용입니다.

만약에 두 가지 다운로드가 나오면 운영체제에 맞게 다운로드 하시면 됩니다.

글꼴 설치하기

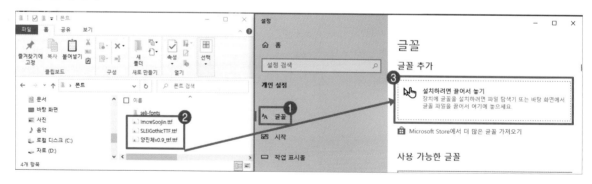

1️⃣ 바탕화면에서 오른쪽마우스 클릭 – [개인설정]을 클릭합니다.

①왼쪽의 [글꼴]을 클릭합니다.

②글꼴이 있는 폴더를 더블클릭해서 글꼴들을 선택합니다.

③선택된 글꼴 파일을 오른쪽 '개인설정' [설치하려면 끌어서 놓기]란에 끌어다 놓습니다.

 **아시아 폰트**

1 ①인터넷 검색창에서 [**아시아폰트**]입력한 후 검색을 합니다.
②검색 목록에서 [**아시아폰트**]를 클릭합니다.

1 [**윈도우 폰트통**]을 클릭해서 저장을 합니다. **2** [**폰트통.zip**]에서 압축을 풉니다.
3 압축을 푼 폴더에서 [**폰트통v2.1.exe**]을 더블클릭합니다.

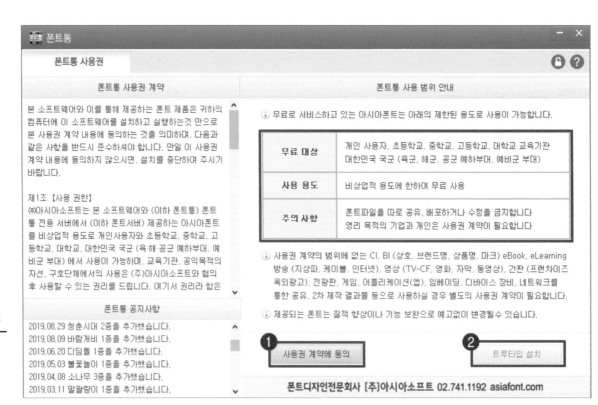

1 무료로 서비스하고 아시안폰트는 아래의 제한된 용도로 사용이 가능합니다.

내용을 읽어보고

①[**사용권 계약에 동의**]를 클릭합니다.

②[**트루타입 설치**]를 클릭합니다.

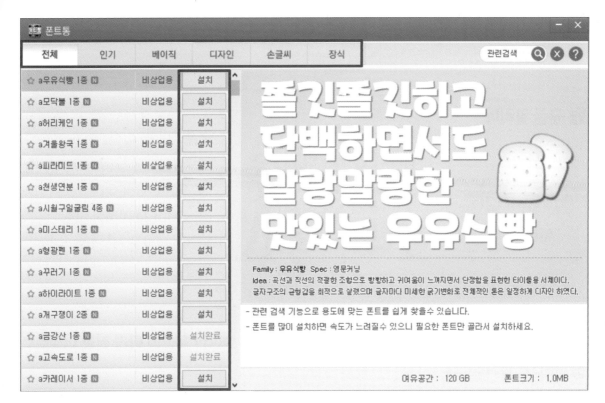

1 상단의 원하는 [카테고리]를 선택합니다.

2 원하는 글꼴에서 [설치]를 눌러 글꼴을 설치합니다.

CHECK 리스트

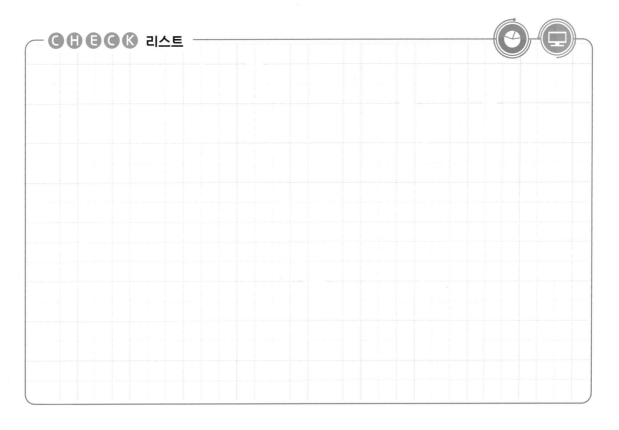

8강 ‖ 내가 원하는 자료 찾고 수정하기

❶ 구글 알리미

스캔하시면 관련 영상을
시청하실 수 있습니다.

구글알리미
구글링
EZ Pdf Editor 3.0
QR-CODE를 시청하시면
위 3개 영상을 시청하실 수
있습니다.

[구글 알리미]는 사용자가 원하는 키워드에 관한 정보를 설정한 옵션에 따라 정한 이메일로 정기적으로 알려줍니다.

[구글 알리미] 장점 및 활용

⚙️ 사용자가 원하는 키워드를 구글에서 검색되는 최신 정보를 이메일로 주기적으로 알려줍니다.

⚙️ 사용자의 키워드와 일치하는 웹, 신문기사, 블로그 등에서 최신 정보를 알려줍니다.

⚙️ 관심 분야의 정보를 검색없이 정기적으로 최신 정보를 수집할 수 있어 비즈니스 마케팅에 유용합니다.

1️⃣ ①[네이버]검색창에 [구글 알리미]를 입력합니다. ② 화면의 [alert.google.com]을 터치합니다.

2️⃣ ①구글 알리미는 구글에서 제공하는 서비스로 반드시 G메일 계정으로 로그인 해야 합니다.

3️⃣ ①알림 받고자 하는 키워드를 입력합니다. 예로 [스마트폰 활용지도사]라고 입력을 합니다.

②[옵션 표시]를 터치해서 수신 빈도, 출처, 언어, 수신받을 이메일등을 지정합니다.

4️⃣ ③[알림 만들기]를 터치합니다.

1️⃣ ①[스마트폰 활용지도사]라는 키워드의 알림이 생성되었습니다. ②연필 모양의 아이콘을 터치하여 옵션을 수정할 수 있으며 ③알림을 삭제할 수 있습니다. ④[설정]을 터치합니다. 2️⃣ 알림 키워드 전체에 대하여 옵션을 변경할 수 있으며, 변경후 [저장]을 터치합니다. 3️⃣ [Gmail📧]을 터치합니다.

1️⃣ ①화면을 위로 드래그하며 [**구글 알리미**]에서 보낸 이메일을 확인하고 [**스마트폰 활용지도사**]를 터치합니다. 2️⃣ 내용을 확인하고 저장, 공유할 수 있습니다. ①화면을 위로 드래그 합니다.
3️⃣ 다른 알림 키워드의 내용을 확인할 수 있습니다.

ⒸⒽⒺⒸⓀ 리스트

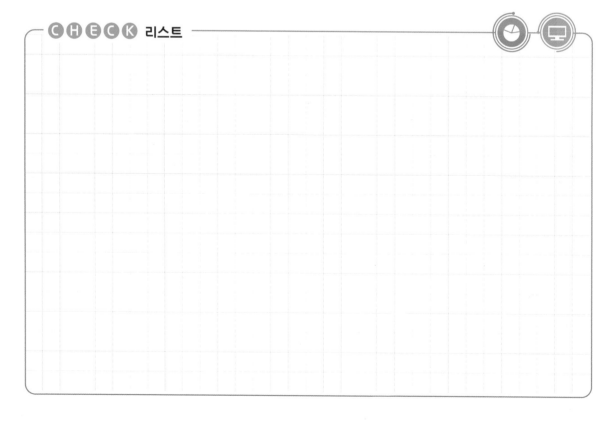

뉴미디어 마케팅 교육 및 출판 전문 기관 SNS소통연구소

❷ 구글링 – 내가 원하는 정보를 신속하고 정확하게 검색하고 수집

[구글링]은 사용자가 원하는 정보 키워드를 일정 조건을 붙여 검색하여 신속하고 정확한 정보를 수집할 수 있게 합니다.

구글링이란 'google'과 'ing'의 합성어로 '구글을 통해 정보를 검색한다.'라는 의미를 담고 있습니다. 구글에서 원하는 찾아내는 행위로 구글이 제공하는 소프트웨어를 이용하여 정보를 찾는다는 뜻도 담겨 있습니다.
넘쳐나는 정보의 홍수 속에서 원하는 정보를 신속하고 정확하게 유용한 정보를 수집할 수 있습니다.

① 특정 단어 포함 검색 ; ① 검색어중 꼭 포함될 단어에 [" "]를 붙여 검색합니다.

② 특정단어 제외 검색 ① 검색어중 제외할 단어앞에 [-]를 붙여 검색합니다.

③ 숫자 범위 검색 ① 두 숫자 사이에 [..]를 넣어 두 숫자 범위 사이의 검색어를 검색합니다.

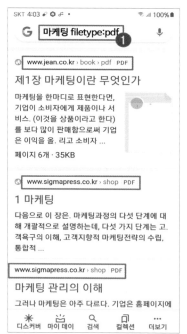

① 특정 확장자 검색 ①[검색어 filetype:doc]를 사용하여 검색어에 대한 word자료를 검색할 수 있습니다. 검색된 주소를 터치하면 저장이 됩니다. ② ①[검색어 filetype : pdf]를 사용하여 검색어에 대한 pdf자료를 검색할 수 있습니다. 검색된 주소를 터치하면 저장이 됩니다.(확장자 doc, pdf, ppt)

③ 특정 사이트내 검색 ①[site : YouTube .com 검색어]를 사용하여 특정 사이트 내 검색할 수 있습니다.

1️⃣ ①검색어중 불명확한 부분에 [*]를 붙여 검색할 수 있습니다. 2️⃣ ①유사어, 유의어를 포함해서 검색이 필요할 경우 검색어 앞에 [~]를 붙여 검색합니다. 3️⃣ ①[define:검색어]를 사용하여 검색어의 사전적 의미를 검색할 수 있습니다.(intitle;제목에 포함 검색어, intext;본문에 포함 검색어)

[그 외 A and B ; A와 B를 모두 포함하는 검색, A or B ; A와 B중 어느 하나를 포함하는 모든 검색]

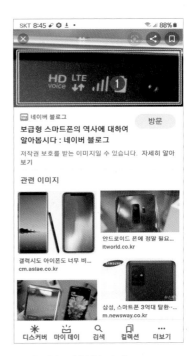

1️⃣ 움짤(애니메이션) 검색 ①검색어 [스마트폰]을 입력합니다. ②[이미지]를 터치합니다.

③검색 필터 아이콘을 터치합니다. 2️⃣ ①[GIF]를 터치합니다. ② 원하는 이미지를 선택합니다.

3️⃣ ①이미지 다운로드를 합니다.

❸ ezPDF 에디터 3.0

[ezPDF 에디터 3.0]은 PDF 문서의 생성부터 열람, 변환, 편집할 수 있는 프로그램입니다.

[ezPDF 에디터 3.0]의 활용

- PPT, Word 등의 다양한 포맷의 문서를 PDF를 비롯한 다양한 포맷으로 변환하여 활용할 수 있습니다.
- PDF문서를 PPT등의 다양한 포맷의 문서로 변환하여 활용할 수 있습니다.
- 이미지, 메모, 형광펜 등 다양한 기능으로 주석관리와 텍스트의 편집 및 수정할 수 있습니다.

1 ①네이버 소프트웨어 검색란에 **[ezPDF 에디터 3.0]**을 입력하여 검색을 합니다.
②하단의 **[ezPDF 에디터 3.0]**을 클릭합니다.

1 **[무료 다운로드]**를 클릭합니다. **2** 이어진 다음 화면에서 **[확인후 다운로드]**를 클릭합니다.

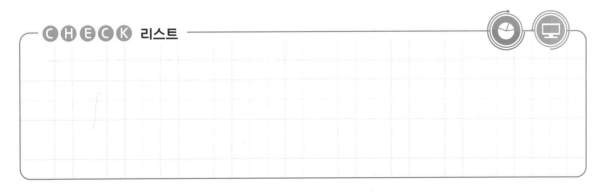

ⓒⒽⒺⒸⓀ 리스트

1 [다운로드]를 클릭합니다.

뉴미디어 마케팅 교육 및 출판 전문 기관 SNS소통연구소

1 ①저장할 장소인 [문서]를 클릭합니다.

②[저장]을 클릭합니다.

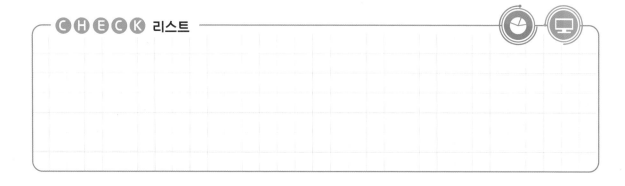

ⒸⒽⒺⒸⓀ 리스트

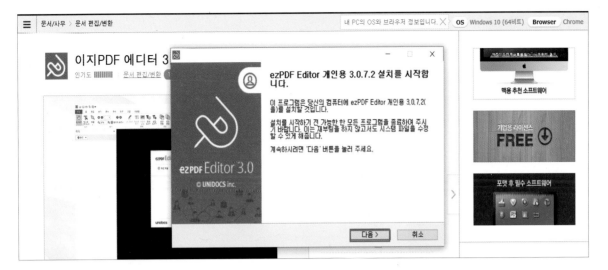

1️⃣ 설치를 시작합니다. [다음]을 클릭합니다.

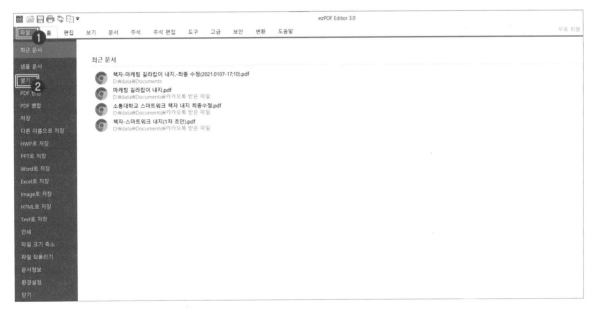

1️⃣ 설치된 [ezPDF 에디터 3.0] 프로그램을 엽니다. ①[파일]을 클릭합니다.

②[열기]를 클릭합니다. [최근 문서]에서 문서를 선택할 수도 있습니다.

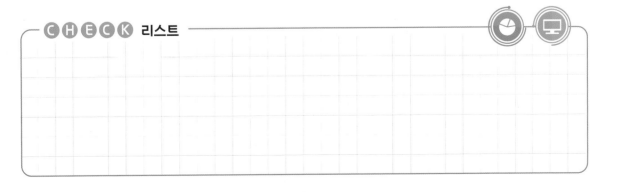

CHECK 리스트

1 ①[**문서**]를 클릭합니다. ②PDF 문서를 선택합니다. ③[**열기**]를 클릭합니다.

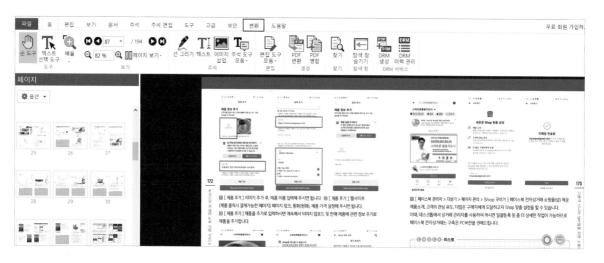

1 포맷을 변환하기 위해 **[변환]**을 클릭합니다.

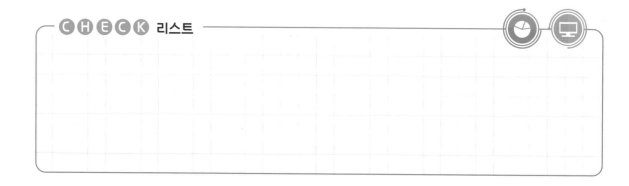

ⒸⒽⒺⒸⓀ 리스트

☑ [PPT로]를 클릭합니다. 또한 HWP로, Word로, Excel로, Text로, Image로, HTML로도 변환
할 수 있습니다.

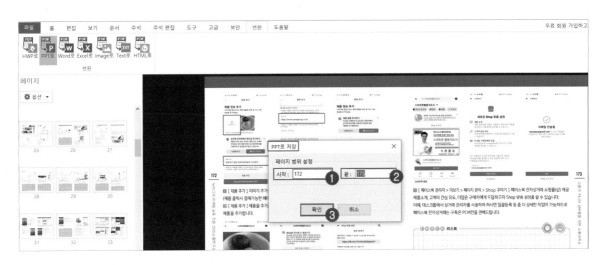

☑ PPT로 변환하여 저장할 범위를 설정합니다.

①시작할 부분을 입력하고 ②끝부분을 입력합니다. ③[확인]을 클릭합니다.

CHECK 리스트

1 ①PPT 문서를 저장할 장소를 선택합니다. ①[문서]를 클릭합니다. ②[저장]을 클릭합니다.

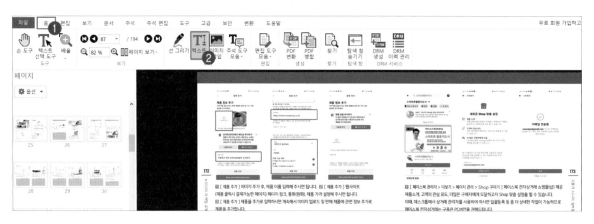

1 홈의 주요 메뉴를 알아보겠습니다. ①[홈]을 클릭합니다.

②텍스트 삽입기능으로 문서에 텍스트를 추가할 수 있습니다. 원하는 곳에 클릭후 텍스트를 입력합니다.

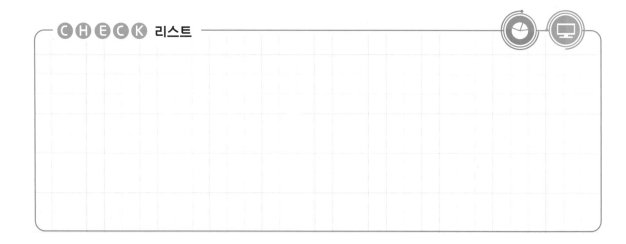

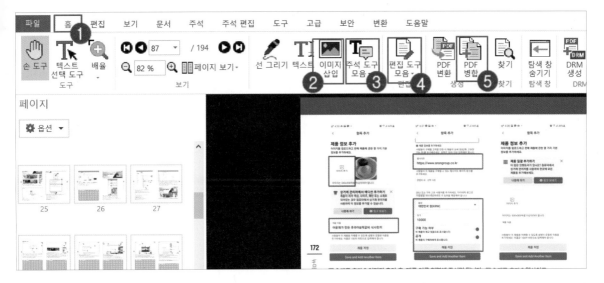

1 ①[**홈**]메뉴에서 기타 기능을 알아 봅니다. ②[**이미지 삽입**]을 할 수 있습니다. 원하는 곳에 클릭후 사각형을 만들고 그림을 선택합니다. ③[**주석 도구 모음**]에서 텍스트 박스, 메모, 밑줄, 형광펜, 영역 강조 등 주석을 관리할 수 있습니다. ④[**편집 도구 모음**]에서 단어수정, 문자수정, 텍스트 삭제, 영역 삭제등 편집관리를 할 수 있습니다. ⑤[**PDF 병합**]에서 여러 PDF 문서를 하나로 병합할 수 있습니다.

ⒸⒽⒺⒸⓀ 리스트

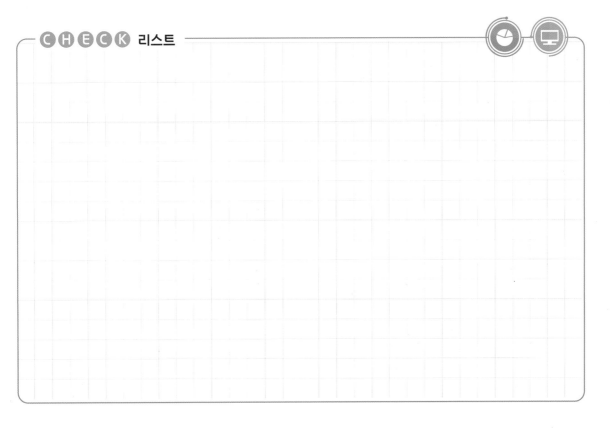

9강 || 스마트폰과 PC에서 대용량 자료 전송하기

1 대용량 파일 쉽게 전송하기

스캔하시면 관련 영상을
시청하실 수 있습니다.

[센드애니웨어 (SendAnywhere)] – **파일을 다른 기기에 빠르게 전송하는 앱입니다.**

[센드애니웨어] 앱(App)의 주요 내용

- ◉ 1:1 전송 시 송, 수신자 모두 로그인이 불필요합니다.
- ◉ 링크, 이메일 발송시 로그인이 필요합니다.
- ◉ 동시에 여러 파일 전송이 가능합니다.
- ◉ 송신자, 수신자 모두 [센드애니웨어] 앱을 먼저 설치하여야 합니다.

[센드애니웨어] 앱(App)의 일반 특징

- ◉ 저장된 모든 종류의 파일을 원본 그대로 전송합니다.
- ◉ 6자리 숫자키만으로 다양한 플랫폼 간 쉽고 빠르게 파일 전송 가능합니다.
- ◉ 횟수에 제한 없이 사용 가능한 파일 공유 링크를 제공합니다.
- ◉ 회원가입을 하면 여러 기기의 링크를 한 번에 관리할 수 있습니다.
- ◉ 파일 암호화로 강력한 보안 기능을 제공합니다.

[센드애니웨어] 앱(App)의 활용

- ◉ 여행가서 찍은 수십장의 사진 파일을 원본 그대로 보내고 싶을 때
- ◉ 회사에서 용량이 큰 작업 파일을 실시간으로 주고 받을 때
- ◉ 비행기 타기 전, 영화 파일을 내 스마트폰으로 쉽게 옮기고 싶을 때
- ◉ 그 외에 나만의 파일을 전송하고 싶은 모든 순간

💬 컴퓨터에서 파일 전송하기

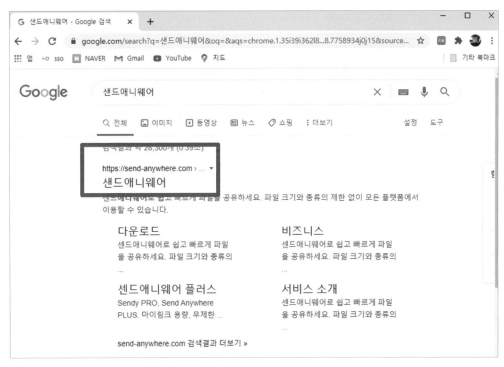

스마트한 강사가 되고 싶으신가요 시리즈 1, 2

1️⃣ ①컴퓨터 [구글 검색창]에서 [센드애니웨어]을 검색하여 클릭합니다.

1️⃣ ②[센드애니웨어 홈페이지]가 열리며 [보내기], [받기] 화면이 나타납니다.

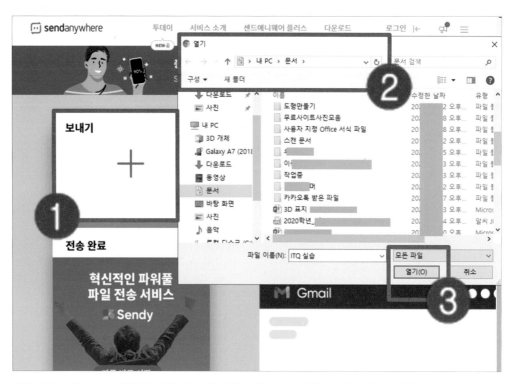

1️⃣ ①파일(서류) 발송을 위해 [보내기]에서 [+]을 클릭하여 파일을 추가합니다.

②새로운 창 [열기]가 나타나며 내 PC의 문서에서 전송할 파일을 고릅니다.

③전송할 파일을 선택한 후 [열기]를 클릭합니다.

1️⃣ ①[파일추가]가 표시되며 추가된 파일이 보입니다.

②하단 부분의 [보내기]를 클릭하면 파일이 전송됩니다.

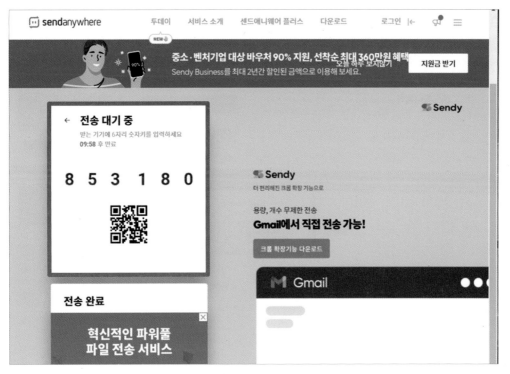

1 ①보내기를 클릭하여 광고가 나타나면 광고 종료를 클릭합니다.

②보내기 클릭시 [전송대기 중] 글자와 [6자리 숫자키]가 나타납니다.

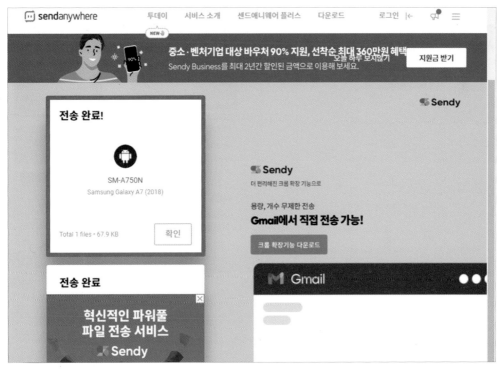

1 ①[전송파일을 받을 다른 또는 상대방 기기]에서 [6자리 숫자키]를 입력합니다.

②보내는 컴퓨터에 [전송완료]가 표시됩니다. [숫자키 6자리는 10분까지 유효하다]

💬 컴퓨터에서 [샌드애니웨어] 다운로드 하기

1 네이버에서 [네이버 자료실]을 검색하여 [샌드애니웨어]를 입력합니다.

1 센드애니웨어 [무료다운로드]를 클릭합니다.

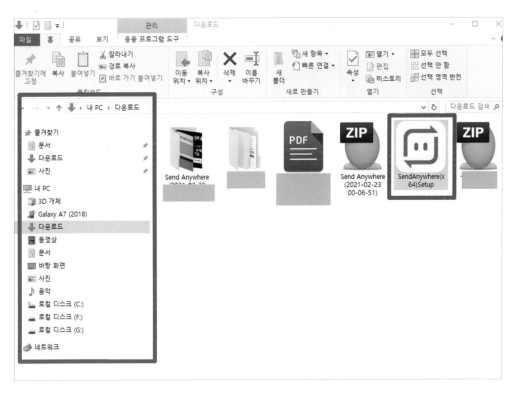

1️⃣ 내 PC의 다운로드에서 [센드애니웨어]를 찾아 설치합니다.

스마트한 강사가 되고 싶으신가요 시리즈 1, 2

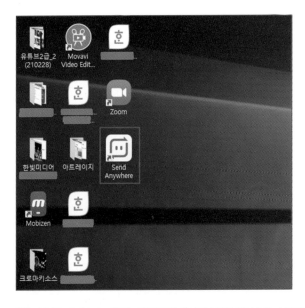

1️⃣ 설치가 완료되면, 컴퓨터 바탕화면에서 [센드애니웨어 바로가기]를 볼 수 있습니다.

💬 스마트폰에서 파일(문서) 보내기

 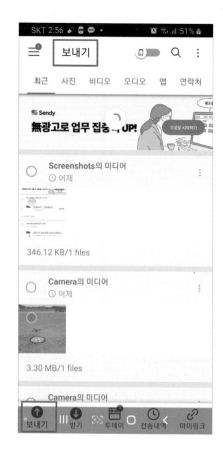

1 ①스마트폰 바탕화면에 [**센드애니웨어**]를 설치 후 터치합니다.

②좌측 하단에 [**보내기**]는 파일을 전송할 때 터치합니다.

③보내기 화면 상단에서 [**사진**], [**비디오**], [**오디오**], [**앱**], [**연락처**], [**파일**] 등 전송 대상을 선택합니다. ④선택 후 [**보내기**]를 실시합니다.

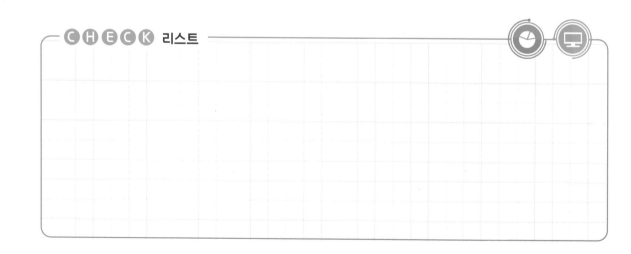

CHECK 리스트

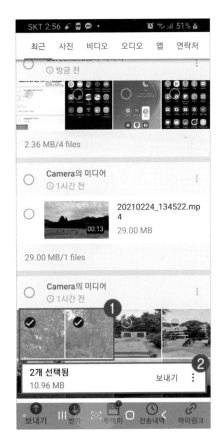 

1 ①파일 전송을 위해 [**사진(2장)**]을 체크하고 나서, 선택 파일을 확인하고 [**보내기**]를 터치합니다.

②나타나는 [**6자리 숫자키**]는 전송받을 상대방에게 알려서, 상대방 기기의 받기에 입력합니다.

③전송할 때 [**6자리 숫자키**] 아래 공유기기에서 주변기기 찾기를 터치하여 기기를 체크합니다.

④링크공유는 로그인을 하여야 가능합니다.

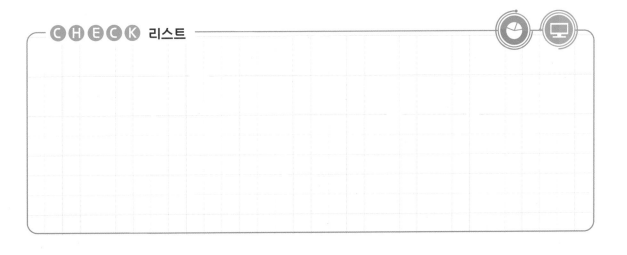

CHECK 리스트

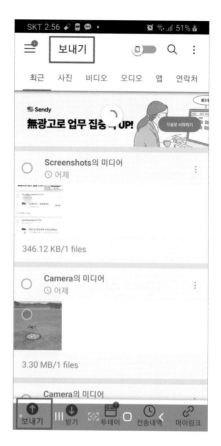

뉴미디어 마케팅 교육 및 출판 전문 기관 SNS소통연구소

1 ①전송받을 [**상대편 기기**]는 알려준 [**6자리 숫자키**]를 입력한 후
[**받기**]를 터치하면 됩니다.

②스마트폰의 전송 내역을 보면 [**보낸 파일**]과 [**받은 파일**]의 기록을 확인할 수 있습니다.

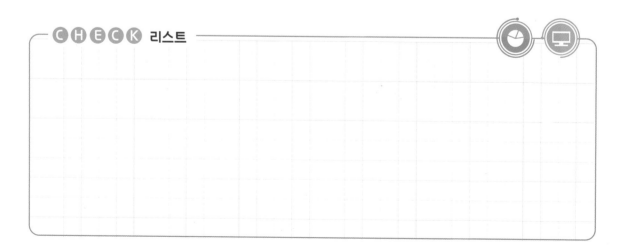

10강 | 누구나 전문 디자이너가 될 수 있다

1 캔바(Canva) - 스마트폰과 PC에서 사용할 수 있는 앱 활용하기

스캔하시면 관련 영상을
시청하실 수 있습니다.

[Canva] 앱(App)은 무료 그래픽디자인 도구 및 로고 편집기 앱입니다.

[Canva] 앱(App)의 장점

- 🔘 디자인 작업이 간단합니다.
- 🔘 디자인 전문가가 아니더라도 업무, 생활, 그래픽 디자인, 엔터테인먼트를 위한 멋진 디자인을 만들 수 있습니다.
- 🔘 스마트폰과 컴퓨터에서 모두 사용할 수 있어서 언제 어디서나 바로 디자인 작업을 할 수 있습니다.
- 🔘 인스타그램 스토리, 로고, 생일 초대장, YouTube 썸네일, 명함, 광고 등 원하는 모든 그래픽 디자인을 비롯한 여러 가지 작업을 할 수 있습니다.

[Canva] 앱(App)의 활용

- 🔘 모든 이벤트에 사용 : 생일카드, 결혼식 초대장, 이메일 초대장 만들기
- 🔘 프로젝트와 관계 없이 로고, 책 커버, 블로그 디자인 만들기
- 🔘 용도에 상관 없이 사진 콜라주 만들기, 전단지 만들기, 배너 만들기
- 🔘 비즈니스를 위한 디자인 브로셔, 이력서, 프레젠테이션, 홍보 포스터, 로고 만들기
- 🔘 YouTube 채널아이콘, 채널아트, 썸네일 만들기

💬 캔바(Canva) PC 버전

1 ①[구글 검색창]에 [캔바]를 입력합니다. ②[www.canva.com]를 클릭합니다.

1 [Google로 로그인], [Facebook으로 로그인], [Apple로 로그인]중 선택해서 로그인 할 수 있으며, [이메일 / 휴대폰]과 암호를 입력 후 [로그인]할 수도 있습니다.

*캔바에 가입한 계정은 PC 버전과 스마트폰에서 같이 사용할 수 있으며, 내가 만든 템플릿은 디자인에서 편집 및 공유 할 수 있습니다.

1 캔바에서 제공하는 다양한 템플릿은 ①[**템플릿**] 메뉴에서 보실 수 있습니다. ②[**소셜미디어, 개인, 비즈니스 마케팅, 교육, 실시간 인기**] 60,000개의 무료 템플릿을 활용할 수 있습니다.

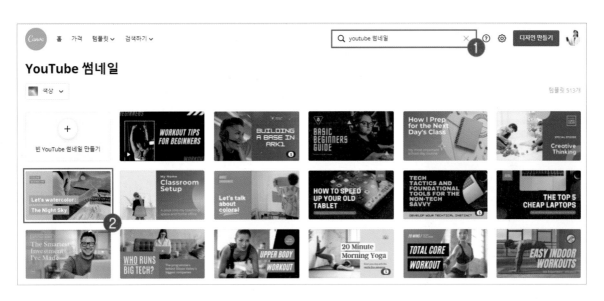

1 ①[**검색창**]에 원하는 템플릿을 검색합니다. 예를 들어 [**YouTube 썸네일**]을 입력합니다.
②원하는 [**템플릿**]을 선택합니다.

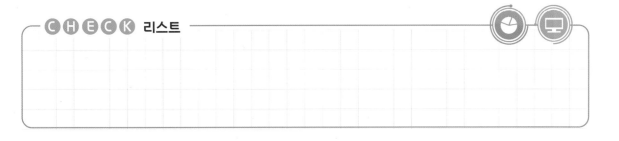

CHECK 리스트

1 수정하고자 하는 ①[글씨]를 클릭하여 내용을 수정합니다. ②[글씨체]를 터치하여
③원하는 [글씨체]를 선택하고, ④[글씨 크기]를 조절하고 ⑤[글씨 색]을 변경합니다.

1 ①[디자인 사진]을 변경하기 위해 ②[사진]을 클릭합니다. ③[검색창]에 원하는 이미지를
검색합니다. [스마트폰]을 입력합니다. ④원하는 [사진]을 드래그하여 ①[디자인 사진]에 넣습
니다.

1 스티커를 추가하기 위하여 ①[**요소**]를 클릭합니다. ②원하는 스티커를 [**검색창**]에 입력합니다. [**스티커**]를 입력하고 검색합니다. ③원하는 스티커를 클릭합니다. ④선택한 스티커가 템플릿에 추가됩니다. 스티커를 원하는 위치에 이동, 사이즈 조절하여 디자인을 완성합니다.

1 ①완성한 디자인을 저장하기 위해 [**다운로드**]를 클릭합니다. ②[**파일형식**]을 선택합니다.
③[**다운로드**]을 클릭하면 PC에 저장됩니다.

캔바(Canva) PC 버전

1️⃣ [Play 스토어] 검색창에 [캔바]를 검색하여 설치한 후 [열기]를 합니다.

2️⃣ [Google 계정으로 계속하기] 선택하여 로그인합니다. 3️⃣ ①[홈]은 캔바 메인화면이며, ②내가 만든 디자인은 [디자인]에서 확인할 수 있고, ③[메뉴]에서 로그인 계정 등을 설정할 수 있습니다. ④만들고자 하는 템플릿을 [검색]해서 진행할 수 있습니다.

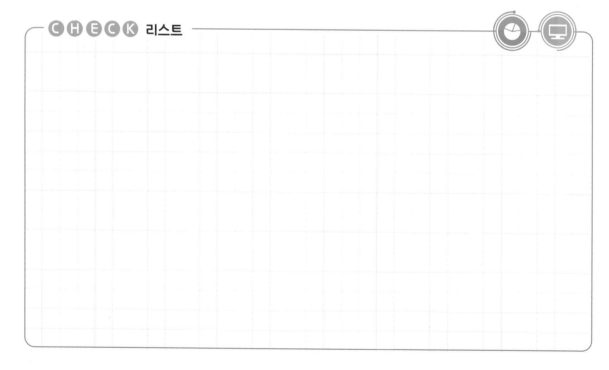

CHECK 리스트

1 ①[Instagram 게시물]을 입력하고 [검색]합니다. ②원하는 템플릿을 선택합니다.

2 ①수정하고자 하는 이미지를 선택하고 ②[대체]를 터치합니다.

3 ①스마트폰에 있는 사진, 동영상을 [업로드]하여 활용할 수 있습니다. ②[미디어 업로드]를
터치하여 사진을 업로드하고 ③[사진]을 선택합니다. 또는 ④스마트폰 [갤러리] 사진을 바로
사용할 수도 있습니다.

CHECK 리스트

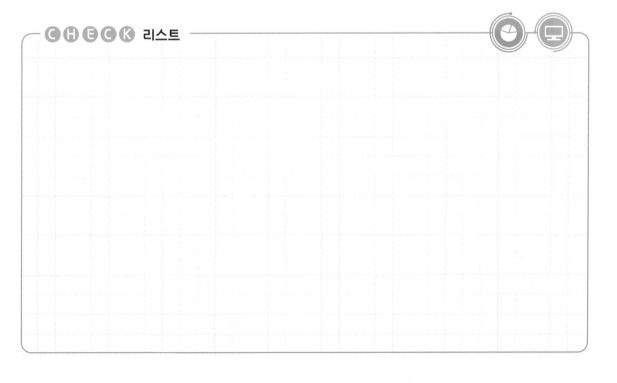

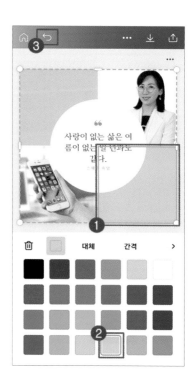

1 ①캔바에서 제공하는 [사진], [동영상]을 사용할 수 있습니다. ②[스마트폰]을 [검색] 하고, ③원하는 이미지를 선택합니다. 2 ①수정할 [이미지]를 선택하고 ②[색상 아이콘]을 터치합니다. ③[드래그]하여 색상을 선택할 수 있습니다. 3 ①[이미지]를 선택하고 ②원하는 [색상]을 터치합니다. ③[뒤로 가기] 버튼은 작업 전 단계로 이동할 수 있습니다.

CHECK 리스트

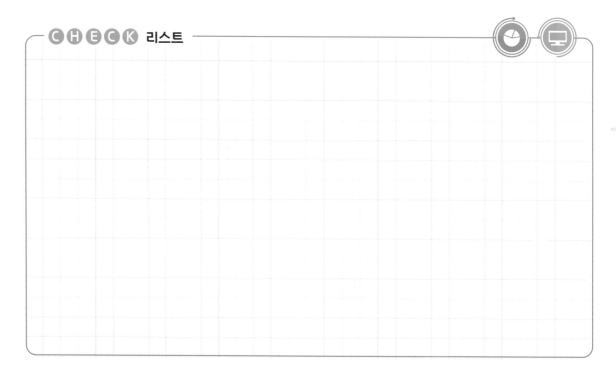

 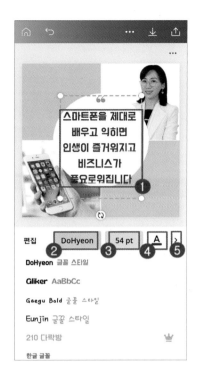 

1️⃣ [글씨]를 터치하여 문구를 수정합니다. [동그라미] 아이콘을 드래그하여 사이즈 조절합니다.

2️⃣ ①[글씨]를 터치하여 ②[글씨체], ③[글씨 크기], ④[글씨 색상]을 변경합니다.

⑤[>] 터치하여 다음 페이지로 이동합니다. 3️⃣ ①[글씨]를 터치하여 ②[정렬]과

③, ④[글자 간격], [선 높이]를 조절합니다.

CHECK 리스트

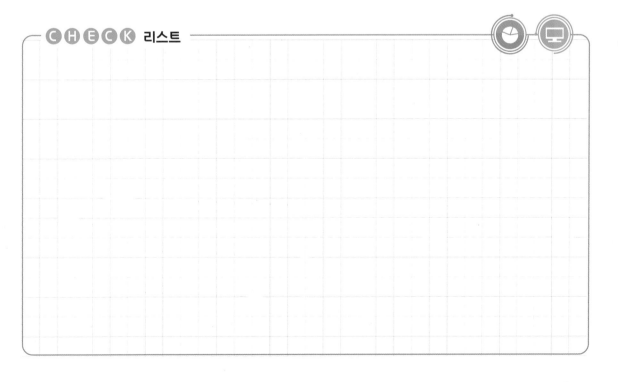

뉴미디어 마케팅 교육 및 출판 전문 기관 SNS소통연구소

1 요소를 추가하기 위해 [**+**]를 터치합니다. **2** 다양한 추가 기능 중에 [**요소**]를 선택합니다.
3 ①[**요소**]를 터치하고 ②[**하트**]를 검색하여 추가하고자 하는 ③[**요소**]를 선택합니다.

1 ①추가된 [**요소**]를 위치 이동할 수 있으며 ②[**복사**]와 ③[**삭제**]도 할 수 있습니다.
2 ①[**↓이미지로 저장**]을 터치하면 ②[**디자인을 저장했습니다**] 메시지 출력 후 갤러리에 저장됩
니다. **3** ①[**↑공유**]를 터치하여 ②[**↓이미지로 저장**]하고 SNS 채널에 [**공유**]할 수 있습니다.

❷ 미리캔버스(miricanvas) – 다양한 무료 디자인 플랫폼 활용하기

[미리캔버스]의 장점

- ❀ 4만8천여 개의 템플릿을 무료로 사용할 수 있습니다.
- ❀ 누구나 무료 템플릿을 통해 디자인을 3분 만에 완성할 수 있습니다.
- ❀ PC, 태블릿, 스마트폰 기기로 언제 어디서나 디자인을 할 수 있습니다.
- ❀ 디자인 전문가가 아니더라도 업무, 생활, 그래픽 디자인, 엔터테인먼트를 위한 멋진 디자인을 만들 수 있습니다.
- ❀ 저작권 걱정 없이 무료 다양한 템플릿을 사용할 수 있습니다.
- ❀ 별도의 프로그램을 설치 없이 쉽게 영상을 만들 수 있습니다.
- ❀ 정보 전달에 효과적인 스토리텔링형 카드뉴스 템플릿과 **YouTube** 썸네일, 안내문 등 다양한 템플릿을 디자인 할 수 있습니다.

[미리캔버스(miricanvas)]의 활용

- ❀ 모든 이벤트 초대장 만들기
- ❀ 프로젝트와 관계 없이 로고, 책 커버, 블로그 디자인 만들기
- ❀ 용도에 상관 없이 사진 콜라주 만들기, 전단지 만들기, 배너 만들기
- ❀ 비즈니스를 위한 디자인 브로셔, 이력서, 프레젠테이션, 홍보 포스터, 로고 만들기

뉴미디어 마케팅 교육 및 출판 전문 기관 SNS소통연구소

1 다양한 무료 디자인 플랫폼을 활용하기 위해 ①[**구글 검색창**]에 [**미리캔버스**]를 입력합니다. ②[**www.miricanvas.com**]를 클릭합니다.

*[미리캔버스]는 크롬브라우저에 최적화되어 있습니다.

1 다양한 템플릿으로 디자인 제작하기 위해 ①[**5초 회원가입**]을 터치하여 회원가입을 진행합니다. 회원가입이 되어 있으면 ②[**로그인하기**]를 터치하여 로그인합니다.

1 회원가입은 이름, 이메일, 비밀번호, 개인정보 동의를 체크한 후 ①[**무료 회원가입**]을 할 수 있으며, ②[Google], [Facebook], [Naver], [**카카오톡**] 계정으로 간편하게 인증하여 회원가입을 할 수도 있습니다.

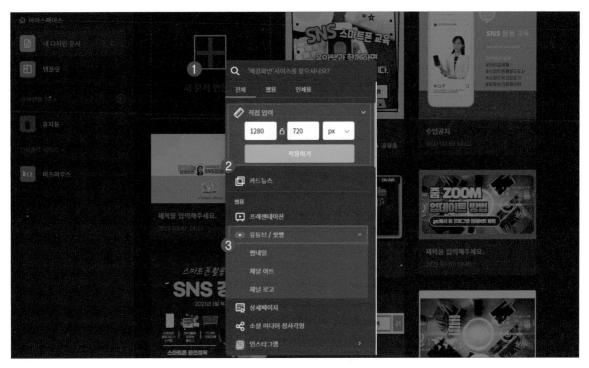

1 디자인 제작을 위해 내 디자인 문서에서 ①[**+ 새 문서 만들기**]를 터치합니다. 캔버스의 가로세로 사이즈를 입력해서 디자인을 만들고자 할 때 ②[**직접 입력**]을 터치해서 가로세로 사이즈와 단위를 입력하고 [**적용하기**]를 터치하면 디자인을 만들 수 있으며, 만들고자 하는 디자인 유형을 선택하여 만들 수도 있습니다. **YouTube** 썸네일 만들기 위해 ③[**YouTube / 팟빵**]을 터치하여 썸네일을 선택합니다.

뉴미디어 마케팅 규약 및 출판 전문 기관 SNS소통연구소

1 ①[템플릿]에서 ②[**YouTube** / 팟빵 썸네일]을 검색하고 카테고리별로 다양한 썸네일을 확인할 수 있습니다. 더 많은 썸네일을 보고자 할 때 ③[**더보기**]를 터치합니다. 디자인하고자 하는 ④[**썸네일**]을 터치합니다.

1 썸네일의 글씨를 수정하고 글씨 ①[**크기 조절**]은 드래그하여 조절하고 ②[**길이 조절**]은 좌우로 움직여 길이를 조절할 수 있습니다. 회전 효과를 주고자 할 때 ③[**회전**]을 터치하여 조정할 수 있습니다. 수정 전 단계와 앞으로 이동하고자 할 때 ④[**되돌리기**]와 [**앞으로 되돌리기**]를 터치합니다. 글씨 수정은 ⑤[**글씨체, 글씨크기, 진하게, 기울임 등**]을 변경할 수 있고 ⑥[**글씨 색상**]을 터치하여 수정하고 글씨의 ⑦[**외곽선**]을 주고자 할 때 색상을 선택하고 두께를 조절합니다.

1 사진을 변경하기 위해 ①[**사진**]을 터치합니다. 원하는 키워드를 검색창에 입력합니다.
예를 들어 ②[**스마트폰**]을 검색합니다. 변경하고자 하는 ③[**사진**]을 드래그하여 캔버스에 가져다
놓으면 사진이 바뀝니다.

1 컴퓨터에 있는 내사진을 사용하고자 할 때 ①[**업로드**]를 터치합니다. ②[**내 파일 업로드**]를
터치하고 내문서에서 사진을 선택하여 업로드 합니다. 사진, 동영상, 음악을 업로드 할 수 있습니다.
업로드한 사진에서 원하는 ③[**사진**]을 터치하여 원하는 위치로 이동합니다.

1 요소를 추가하기 위해 ①[**요소**]를 터치합니다. 검색창에 원하는 키워드를 입력합니다.
②[**YouTube**]를 검색합니다. 다양한 요소에서 원하는 [**요소**]를 드래그하여 원하는 위치로
이동하여 크기조절, 회전 등을 조절합니다.

1 글씨를 추가하기 위해 ①[**텍스트**]를 터치합니다. 텍스트는 제목, 부제목, 본문, 다양한 텍스트를
사용할 수 있습니다. ②[**부제목 텍스트**]를 터치합니다. ③[**부제목을 입력해주세요.**]를 더블 터치
하여 문구를 수정합니다.

1 텍스트 편집 위해 ①[텍스트]를 터치합니다. 글씨체, 글씨 크기, 진하게, 기울임, 색상, 외곽선을 변경할 수 있으며 ②[곡선]을 터치하면 문구가 곡선으로 바뀝니다. ③[곡선 수정]은 크기조절과 위치 이동을 하여 수정합니다.

1 다양한 색상을 활용하기 위해 ①[테마]를 터치합니다. 내가 원하는 색을 선택하기 위해 ②[테마색 직접 변경]을 터치하여 변경할 수 있습니다. 미리캔버스에서 제공하는 테마 색을 활용 하여 디자인을 만들 수 있습니다. ③[위로 드래그]하여 다양한 테마 색을 보실 수 있습니다.

1 썸네일의 배경을 변경하기 위해 ①[배경]을 터치합니다. 여러 종류별로 패턴을 보고자 할 때
②[위로 드래그]하여 보실 수 있습니다. 원하는 배경을 터치하면 변경됩니다.

1 즐겨찾기 기능으로 ①[찜하기]를 터치하면 내가 찜한 템플릿을 보실 수 있습니다.
②[위로 드래그]하여 찜한 템플릿을 찾을 수 있습니다. ③[제목을 입력해주세요.]를 터치하여
디자인 제목을 입력합니다. 완성한 디자인을 저장하기 위해 ④[다운로드]를 터치하고 원하는
[파일 형식]를 선택한 후 [고해상도 다운로드]를 터치하면 [PC 다운로드 폴더]에 저장됩니다.

❸ 투 컬러 콤비네이션(Two Color Combinations) – 두 가지 색상 조합 팔레트 활용하기

[투 컬러 콤비네이션]의 활용

- ⊛ 센스 있고 깔끔한 디자인 발표 자료 만들 수 있습니다.
- ⊛ 두가지 배색 조합으로 마케팅 광고 자료를 만들 수 있습니다.
- ⊛ 프레젠테이션, 명함 등에 활용 할 수 있습니다.

💬 투 컬러 콤비네이션 활용하기

1️⃣ ①[네이버 검색창]에 [투컬러콤비네이션]를 입력합니다. ②[2colors.colorion.co]를 클릭하여 사이트로 이동합니다.

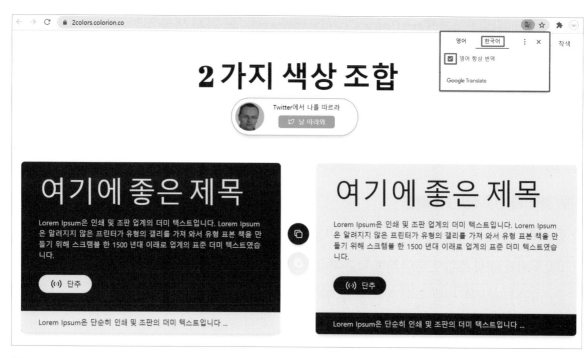

1 한국어로 번역하고자 할 때 구글 번역에서 [한국어]을 터치하고 [영어 항상 번역]으로 체크합니다.

1 투 컬러 콤비네이션 사이트에서 2가지 색상 조합과
①[그라데이션 버튼],
②[재료 팔레트],
③[착색]을 활용할 수 있습니다.
원하는 [색상]을 터치하면 색상 코드가 클립보드에 자동 저장됩니다.

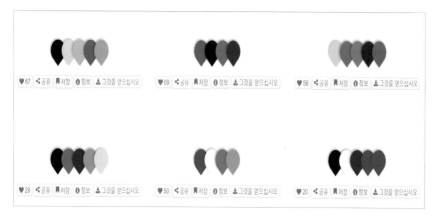

뉴미디어 마케팅 교육 및 출판 전문 기관 SNS소통연구소

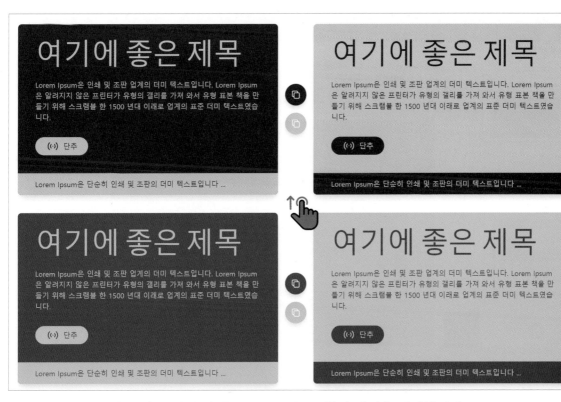

1 다양한 색상 조합을 활용하기 위해 [위로 드래그]하여 색상을 선택합니다.

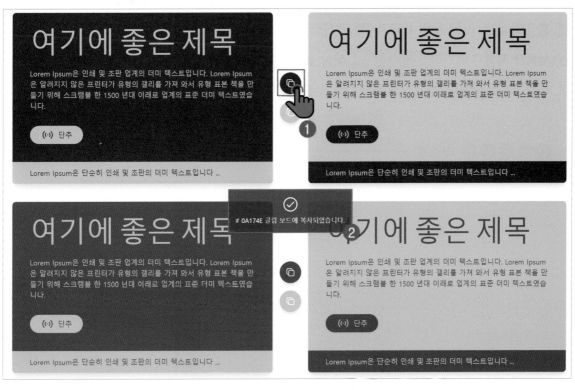

1 색상 코드를 활용하기 위해 원하는 ①[색상]을 터치하면

②[#0A174E 클립 보드에 복사되었습니다] 메시지기 출력됩니다.

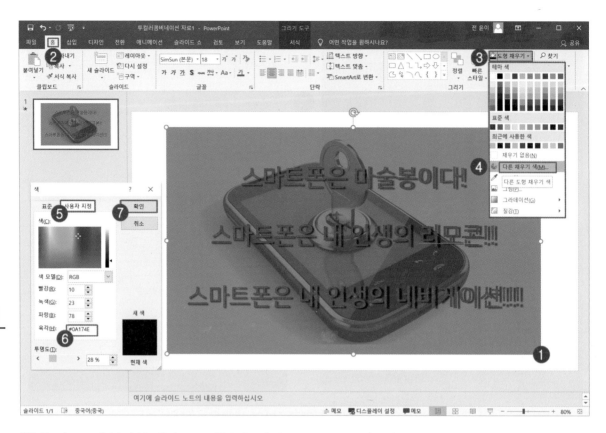

1 클립보드에 복사한 색상 코드 활용을 위해 ①[영역]을 선택합니다.

②[홈] 메뉴에서 ③[도형 채우기]를 터치하고 ④[다른 채우기 색]을 선택합니다.

⑤[사용자 지정] 터치하고 복사한 ⑥[색상 코드]를 붙여넣기(Ctrl + V) 한 후

⑦[확인]을 터치합니다.

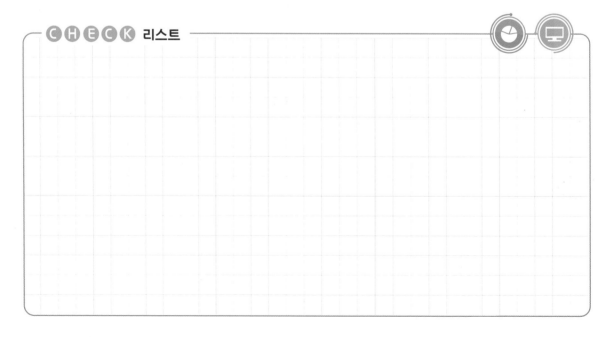

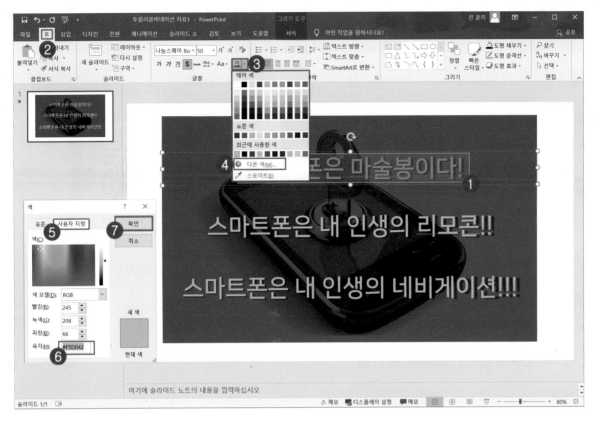

1 글씨 색을 변경하고자 하는 글씨를 드래그하여 ①[영역]을 지정합니다.

②[홈] 메뉴에서 ③[글씨 색 ▼]를 터치하고 ④[다른 색]을 선택합니다.

⑤[사용자 지정] 터치하고 복사한 ⑥[색상 코드]를 붙여넣기(Ctrl + V) 한 후

⑦[확인]을 터치합니다.

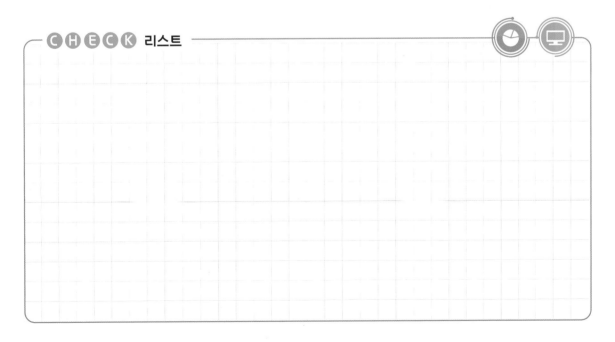

CHECK 리스트

11강 ‖ 업무 효율 올려주는 스마트워크 앱 활용하기

1 네이버 스마트보드(택스트스캔)

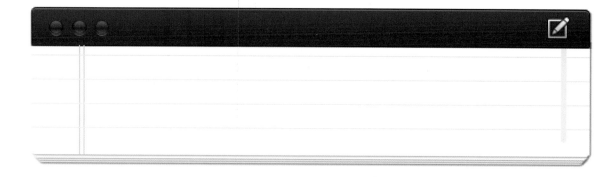

스캔하시면 관련 영상을
시청하실 수 있습니다.

[네이버 스마트보드] 앱(App)은 편리한 나만의 키보드, 검색, 번역, 맞춤법교정, 문자인식 기능이 한 번에 있습니다.

[네이버 스마트보드] 앱(App)의 장점

- 🎡 자주 사용할수록 입력이 편해집니다.
- 🎡 다양한 상황에 맞추어 번역 및 검색도 가능합니다.
- 🎡 자주 쓰는 문구를 등록해 편리하게 입력할 수 있습니다.
- 🎡 반복적으로 쓰는 문자나 이모지를 키에 등록할 수 있습니다.
- 🎡 텍스트 스캔 및 맞춤법 교정기능도 있습니다.
- 🎡 한자 변환과 음성 인식도 지원합니다.

[네이버 스마트보드] 앱(App)의 활용

- 🎡 직장인 : 보고서를 만들 때 유용합니다.
- 🎡 일반인 : 책에 있는 좋은 내용을 텍스트로 발췌하여 공유합니다.

1️⃣ ①[PLAY 스토어]에서 [네이버 스마트보드]을 검색하여 설치한 후 ②[열기]를 터치합니다.
2️⃣ 네이버 스마트보드 [문자인식] 아이콘을 터치합니다.
3️⃣ [네이버 스마트보드]에서 사진을 촬영하고 동영상을 녹화하도록 [허용]합니다.

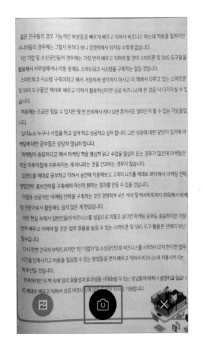
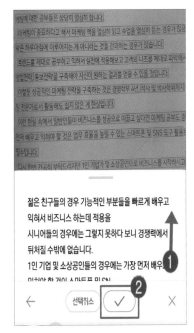
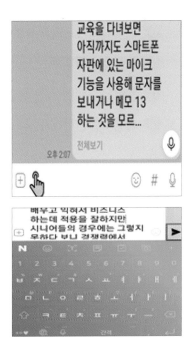

1️⃣ [카메라]를 터치하여 글씨 부분이 잘 나오도록 화면을 조절하여 촬영합니다. 2️⃣ ①화면을 위로 올려 인식된 글자를 확인한 후 ②[체크] 표시를 터치합니다. 3️⃣ 카카오톡 [문자 입력창의 빈 곳]을 터치합니다. 4️⃣ 인식된 글들이 보이고 [전송] 아이콘을 누르면 바로 보내집니다.

② 텍스트 스캐너[OCR]

[텍스트 스캐너] 앱(App)은 이미지를 텍스트로 변환할 수 있습니다.

[텍스트 스캐너] 앱(App)의 장점

- 📀 책이나 브로셔에 있는 내용을 촬영하여 바로 텍스트로 변환할 수 있습니다.
- 📀 갤러리에 있는 사진에서 텍스트를 추출하여 자료로 활용할 수 있습니다.
- 📀 칠판이나 화이트보드에 적힌 메모를 텍스트로 변환하고 공유할 수 있습니다.

[텍스트 스캐너] 앱(App)의 활용

- 📀 1인 기업가 : 외부자료를 활용해서 보고서를 만들 때 유용합니다.
- 📀 직장인 : 화이트보드에 적힌 회의 내용을 텍스트로 변환하여 정리합니다.
- 📀 일반인 : 책에 있는 좋은 내용을 텍스트로 발췌하여 공유합니다.
- 📀 학생 : 칠판에 있는 내용을 촬영하여 텍스트 편집을 통해 수정하거나 추가할 수 있습니다.

1️⃣ [Play 스토어]에서 [텍스트 스캐너]를 검색하여 설치합니다.

2️⃣ ①[텍스트 스캐너] 실행을 위해 ②[열기]를 터치합니다.

3️⃣ [텍스트 스캐너]에서 사진을 촬영하고 동영상을 녹화하도록 [허용]합니다.

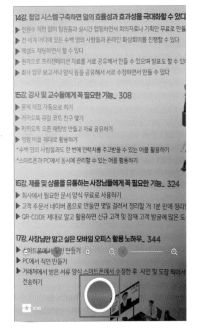
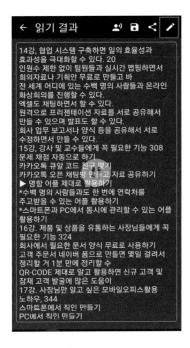

1️⃣ ①[밝기]를 조절하는 기능입니다. ②[확대 및 축소] 기능입니다. ③[촬영] 버튼입니다.
④[조명] 기능입니다. 2️⃣ 브로셔에 있는 내용을 [촬영]합니다. 3️⃣ [텍스트 스캐너]가 텍스트로
변환된 읽기 결과를 보여주며, 수정을 위해 [편집] 버튼을 터치합니다.

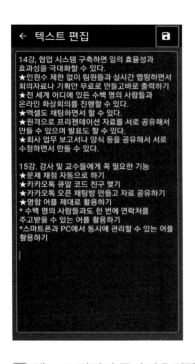

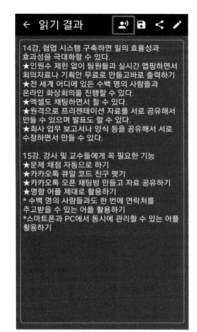

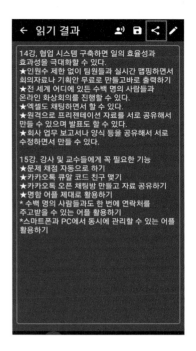

1️⃣ 텍스트 편집이 끝나면 [저장]을 터치합니다. 2️⃣ 읽기 결과를 음성으로 듣기 위해 [음성] 버튼을 터치합니다. 3️⃣ 읽기 결과를 공유하기 위해 [공유] 버튼을 터치합니다. 공유에서 [사용할 애플리케이션]중 하나를 선택합니다. 처음 선택한 애플리케이션으로 자동 연결되니 신중히 선택합니다.

1️⃣ 갤러리에 있는 사진을 [텍스트 스캐너]로 가져오려면 [이미지] 아이콘을 터치합니다.

2️⃣ [텍스트 스캐너]에서 기기의 사진, 미디어, 파일에 액세스하도록 [허용]합니다.

3️⃣ 갤러리에서 원하는 [사진]을 선택합니다.

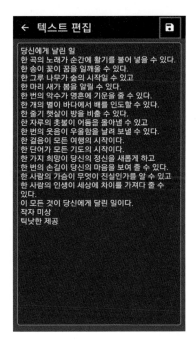
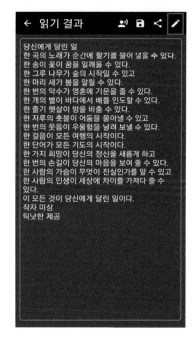

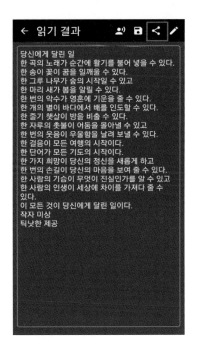 사진 내용이 텍스트로 변환되어 읽기 결과를 보여줍니다. 수정을 위해 [편집]을 터치합니다.

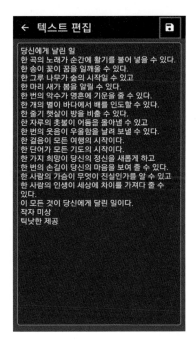 텍스트 편집이 끝나면 [저장]을 터치합니다.

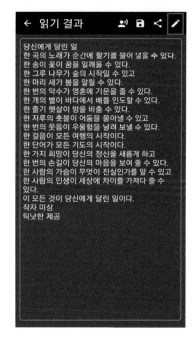 읽기 결과를 공유하기 위해 [공유] 버튼을 터치합니다.

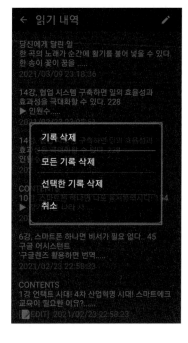

 [읽기 내역] 아이콘을 터치합니다.

 읽기 내역 중에서 필요 없는 기록을 삭제하기 위해 [편집]를 터치합니다.

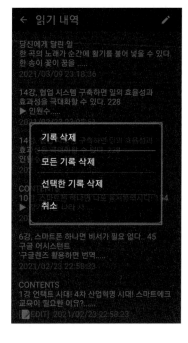 [모든 기록 삭제], [선택한 기록 삭제], [취소] 중에서 원하는 것을 선택합니다.

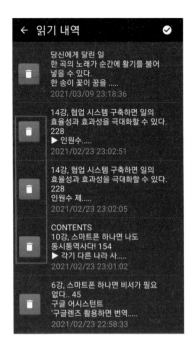  

1️⃣ 선택해서 읽기 내역을 지우고자 할 때 [삭제] 버튼을 하나씩 터치합니다.

2️⃣ [설정]을 터치하면 추가정보를 확인할 수 있습니다. 필요한 옵션들을 활성화할 수 있습니다.

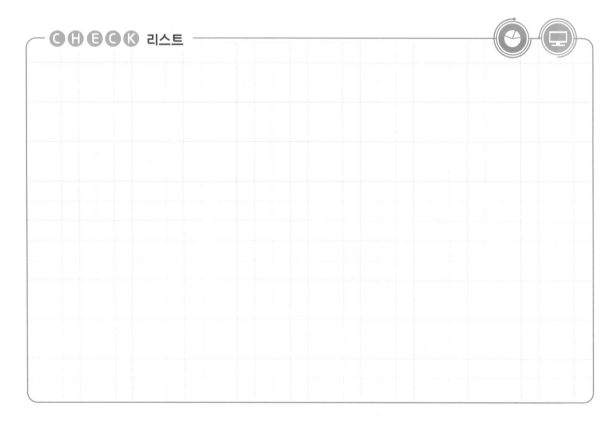

CHECK 리스트

3 스피치노트

[스피치노트] 앱(App)은 아주 쉽고 효율적인 음성입력, 연속적 구술로 빠르고 정밀합니다.

[스피치노트] 앱(App)의 장점

- 로그인이나 회원가입이 필요 없이 마이크를 클릭하고 구술을 시작하기만 하면 됩니다.
- 문장 부호는 음성 명령으로 입력하거나, 문장 부호 키보드로 한 번 클릭하여 입력할 수 있습니다.
- 구글의 음성 인식 엔진을 사용합니다.
- 한글뿐만 아니라 100여개의 언어 설정이 가능합니다.

[스피치노트] 앱(App)의 활용

- 블루투스 지원! 블루투스 마이크 / 헤드셋 / 자동차에서 말을 하면 Speechnotes가 내용을 모두 저장할 수 있습니다.
- 책의 내용을 말로 표현할 수 있어 빠르고 쉽게 글을 쓸 수 있습니다.
- 여행 장소의 생생한 후기를 말로 기록하여 블로그에 쉽게 올릴 수 있습니다.

뉴미디어 마케팅 교육 및 출판 전문 기관 SNS소통연구소

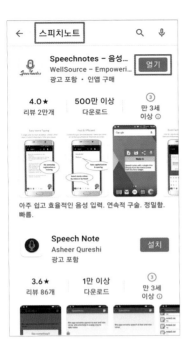

1️⃣ [Play스토어]에서 [스피치노트]를 검색하여 설치한 다음 [열기]를 터치합니다.

2️⃣ [Speechnotes]에서 오디오를 녹음하도록 [허용]합니다. 3️⃣ ①[메모이름]을 표시합니다. ②[언어]를 선택합니다. ③[키보드]로 입력할 때 ④키보드의 [화면조정]을 합니다. ⑤[마이크] 아이콘입니다.

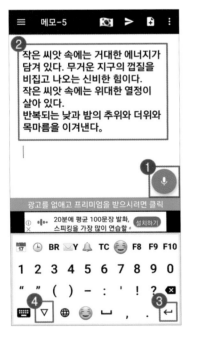
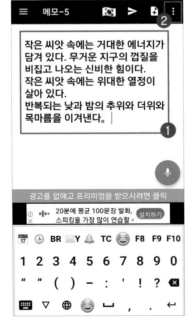
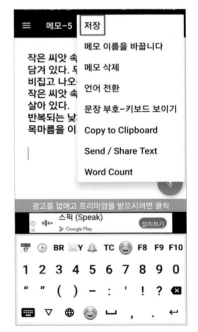

1️⃣ ①[마이크]를 터치하여 말을 합니다. ②말한 내용이 [문자]로 메모됩니다. ③메모의 [줄]를 바꿉니다. ④메모 내용을 더 보고자 할 때 [화면조정]을 터치합니다. 2️⃣ ①[메모 내용]을 확인한 다음 ②저장하기 위해 [더보기]를 터치합니다. 3️⃣ [저장]을 터치합니다.

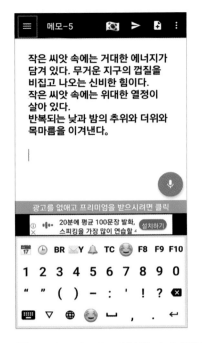

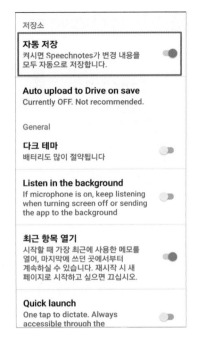

1 [더보기]을 터치합니다. 2 [환경설정]을 터치합니다.
3 [자동저장]을 활성화하면 따로 저장을 터치하지 않아도 됩니다.

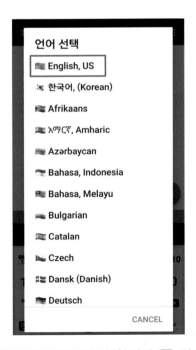

1 다른 언어로 메모하기 위해 [한국어 마크]를 터치합니다. 2 언어 선택 창에서 필요한 [언어]를
선택하면 됩니다. 3 [마이크]를 터치하고 선택한 언어로 말을 하면 [메모]가 됩니다.

4 Adblock Browser

[Adblock Browser] 앱(App)은 짜증 나는 팝업 광고와 배너 광고 없이 인터넷 세상을 즐길 수 있습니다.

[Adblock Browser] 앱(App)의 장점

- 🛡 Browser(ABB)는 빠르고 가볍고, 안전합니다.
- 🛡 ABB의 뛰어난 탑재형 광고 차단 기능은 다른 브라우저보다 월등합니다.
- 🛡 ABB는 자동으로 짜증나고 거추장스러운 팝업 광고와 동영상 광고, 배너 광고, 콘텐츠로 위장한 광고를 차단합니다.
- 🛡 ABB는 다운로드가 시작되기 전에 광고를 차단합니다.
- 🛡 쓸모없는 광고에 소모되는 데이터를 줄이고, 배터리도 절약할 수 있습니다.
- 🛡 보안과 개인정보 보호도 됩니다.

[Adblock Browser] 앱(App)의 활용

- 🛡 아이폰에서도 사용이 가능합니다.

  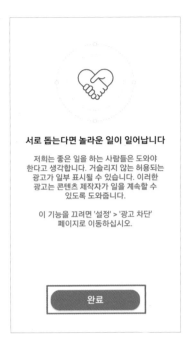

1️⃣ [Play 스토어]에서 [Adblock Browser]를 검색하여 설치한 다음 [열기]를 터치합니다.
2️⃣ "안녕하십니까? 새로운 Adblock Browser입니다. 와 더 나은 인터넷 환경을 만들 수 있도록
도와주세요." 두 개 파업 창의 [계속]을 터치합니다. 3️⃣ "서로 돕는다면 놀라운 일이 일어납니다."
창의 [완료]를 터치합니다.

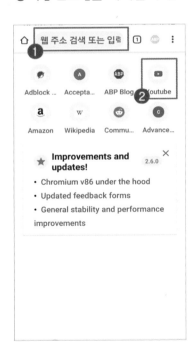  

1️⃣ ①Adblock Browser 검색창에서 [검색]을 할 수 있습니다. ②[YouTube]를 터치합니다.
2️⃣ 상단 ①[ABP]를 터치하면 ②[짜증 나는 광고 차단]이 활성화되어 있는 것을 볼 수 있습니다.
3️⃣ YouTube 창 상단 오른쪽 [로그인] 아이콘을 터치합니다.

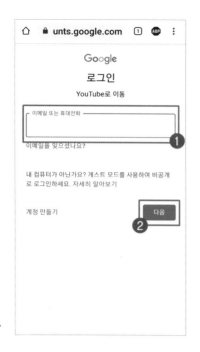

1 ①로그인을 하기 위해 [**구글계정**]을 선택하여 비밀번호를 입력한 후 [**다음**]을 터치합니다.

2 연결프로그램 ①[Adblock Browser]를 선택하고 ②[**한 번만**]을 터치합니다.

3 **YouTube** 창 하단 ①[**구독**]를 터치하면 본인이 구독하고 있는 채널이 보입니다.

②[**보관함**]을 터치하면 본인의 재생목록이 보입니다.

C H E C K 리스트

⑤ 구글 킵

스캔하시면 관련 영상을
시청하실 수 있습니다.

[구글 킵] – 앱(App)은 빠르게 텍스트와 음성으로 메모할 수 있으며, 스마트폰과 PC등과
동기화되며 공유할 수 있는 메모어플입니다.

[구글 킵] 앱(App)의 장점과 활용

- 생각하고 있는 내용을 빠르게 기록하고, 나중에 설정한 시간이 되었거나, 장소에 도착하였을때 알림을 받을 수 있습니다.
- 음성으로 메모 작성을 하면 음성과 텍스트가 함께 생성되어 저장됩니다.
- 영수증, 문서, 명함등을 사진으로 촬영하고 손쉽게 정리하고 검색이 편리합니다.
- 저장된 메모를 다른 사용자와 공유하고 협업이 가능합니다.
- 메모에 색과 라벨을 추가하여 정리와 검색이 편리합니다.

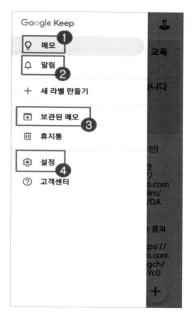

1 [PLAY 스토어]에서 [구글 킵]을 설치하고 [열기]를 합니다.

2 ①로그인 마크를 터치하여 구글에서 사용하는 동일한 Gmail ◎로 로그인합니다.
②상단의 [더보기]를 터치합니다. 3 ①메모된 내용을 보여줍니다.
②알림이 설정된 메모를 보여줍니다. ③보관된 메모를 보여줍니다. ④[설정]을 터치합니다.

1 ①메모의 [알림 기본 설정]을 할 수 있습니다. ②[공유 사용 설정]을 활성화하면 협업이 가능
합니다. 2 ①메모 보기 형식을 바꿀 수 있습니다. ②바로 이미지, 음성, 그리기, 체크목록으로 메모를
할 수 있습니다. ③텍스트 메모를 하기위해 [+]를 터치합니다. 3 ①[제목]과 내용을 입력합니다.
②터치하면 실행 취소가 됩니다. ③[더보기]를 터치합니다.

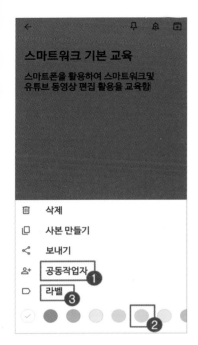

1 ①[**공동작업자**]를 터치해서 공동작업자의 이메일을 입력하면 알림이 갑니다. ②메모를 색상별로 분류할 수 있습니다. 색상을 선택합니다. ③메모의 라벨을 만들기위해 [**라벨**]을 터치합니다.
2 ①[**구글 킵**]이라고 입력합니다. ②[+]를 터치합니다. **3** ①[**구글 킵**] 라벨이 만들어졌으며 활성화합니다.

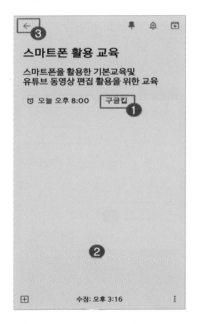

1 ①[**구글 캡**]이라는 라벨이 만들어 졌음을 보여줍니다. ② 메모 배경이 선택한 색상으로 바뀌었습니다. ③뒤로가기(←)를 터치합니다. **2** ①하단의 [+]를 터치합니다.
3 작성중인 메모에 ①바로 사진 촬영을 하여 추가하고 ②이미지를 추가하고
③손글씨, 그림을 추가하고 ④음성 녹음을 추가하고 ⑤체크박스 목록을 추가할 수 있습니다.

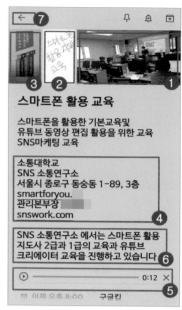

1️⃣ 명함을 촬영해서 메모에 추가합니다. ①그리기를 추가할 수 있습니다. ②[더보기]를 터치합니다.
2️⃣ ①[이미지에서 텍스트 가져오기]를 터치하면 이미지의 텍스트가 메모에 추가됩니다. ②공유할
수 있으며 ③삭제할 수 있습니다. 3️⃣ ①이미지를 추가하고 ②그리기에서 손글씨를 추가하고
③명함을 사진촬영해서 추가하였습니다. ④명함의 텍스트가 추가 되었습니다. ⑤음성녹음을 추가
하였고 ⑥그 음성이 텍스트로 추가되었습니다.

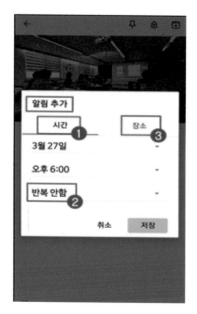

1️⃣ ①[알림 추가] 로고를 터치합니다. ②[날짜와 시간 선택]을 터치합니다. 2️⃣ ①[시간]을 터치
해서 시간을 추가하고 ②[반복]을 터치해서 반복 여부,주기를 추가할 수 있습니다. ③[장소]를
터치합니다. 3️⃣ ①위치를 입력하고 ②[저장]을 터치합니다.
③터치하면 보관함에 추가됩니다 ④터치하면 메모란의 상단에 고정됩니다.

1 메모란에서 위, 아래로 화면을 드래그하여 검색할 수 있으며, 원하는 메모를 길게 터치해서 위치를 이동할 수 있습니다. [메모 검색]을 터치합니다. **2** 메모를 유형별, 사물별, 색상별로 검색할 수 있습니다. **3** 원하는 단어를 입력하여 검색할 수 있습니다. 예로 [스마트폰]이라고 입력하면 관련된 메모들이 검색되어 보여집니다.

1 ①[구글 캡]이라는 라벨이 만들어졌음을 보여줍니다. ②메모 배경이 선택한 색상으로 바뀌었습니다.

③뒤로가기를 터치합니다. **2** ①하단의 [+]를 터치합니다.

3 작성중인 메모에 ①바로 사진 촬영을 하여 추가하고 ②이미지를 추가하고

③손글씨, 그림을 추가하고 ④음성 녹음을 추가하고 ⑤체크박스 목록을 추가할 수 있습니다.

☑ 구글 화면에서 우측 상단의 메뉴모음(점9개)을 클릭하면 보이는 메뉴들 중에 [구글 킵]을 클릭합니다.

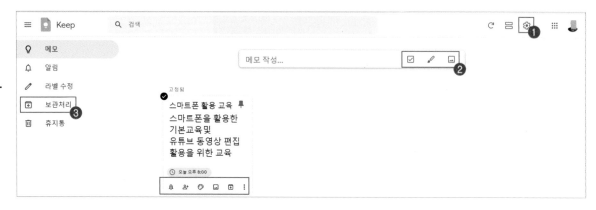

☑ ①[설정]에서 알림 기본 설정, 공유 사용 설정을 할 수 있습니다.

②새 이미지, 새 그림, 새 목록으로 바로 메모를 할 수 있으며, [메모 작성]을 클릭해서 텍스트 메모를 작성할 수 있습니다.

③보관함의 메모를 검색할 수 있습니다.

각 메모안에서의 추가기능 및 메모란, 알림, 라벨, 색상, 공동 작업자 설정등은 스마트폰의 구글 킵 사용법과 동일합니다.

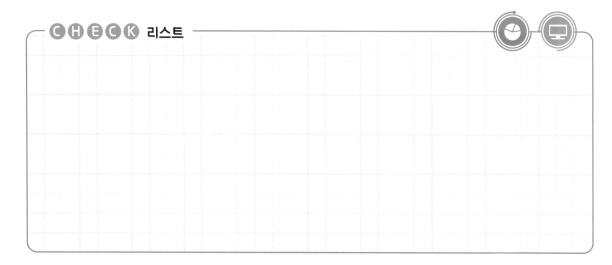

CHECK 리스트

6 마이크로소프트 렌즈(오피스 렌즈)

스캔하시면 관련 영상을
시청하실 수 있습니다.

[마이크로소프트 렌즈] – 앱(App)은 문서 및 화이트 보드 이미지를 스캔하여 변환하는 포켓
PDF 스캐너입니다.

[마이크로소프트 렌즈] 앱(App)의 장점

- 화이트 보드나 문서의 사진을 자르고 보정하여 읽기 쉽게 만들어 줍니다.
- 스캔한 이미지를 PDF, Word, Power Point 및 Excel 파일로 변환할 수 있으며, OneNote, OneDrive에 저장할 수 있으며 편집도 가능합니다.
- 주머니 속 스캐너로 화이트 보드나 문서등을 디지털화 할 수 있습니다.

[마이크로소프트 렌즈] 앱(App)의 활용

- 모든 메모, 영수증, 문서 스캔 및 업로드 활용
- 인쇄 텍스트 및 회의 자료를 스캔하여 편집 및 공유
- OneDrive에 저장후 편집 및 공유로 집필작업에 유용

뉴미디어 마케팅 교육 및 출판 전문 기관 SNS소통연구소

1️⃣ [PLAY 스토어]에서 [마이크로소프트 렌즈]를 검색하여 설치합니다.

2️⃣ [열기]를 터치합니다.

3️⃣ 액세스 권한에 대한 [허용]을 터치합니다.

1️⃣ 사진과 동영상에 대한 [앱 사용 중에만 허용]을 터치합니다. 2️⃣ ①갤러리의 사진을 가져올 수 있습니다. ②[화이트 보드]를 스캔 시에 ③[문서]를 스캔 시에 ④[명함]을 스캔 시에 사용합니다. ⑤상단의 [더보기]를 터치합니다. 3️⃣ ①[내파일]을 터치해서 이전의 저장 내용을 검색할 수 있습니다. ②[설정]을 터치합니다.

1️⃣ ①로그인 설정을 합니다. OneDrive의 계정과 동일하게 해야합니다. 2️⃣ ①[조치]를 터치합니다. ②표를 캡처하여 텍스트를 추출할 수 있습니다. ③텍스트를 캡처하여 추출할 수 있습니다. 화면을 좌로 드래그하면 추가 메뉴가 있습니다. ④언어 선택을 위해 터치합니다. 3️⃣ 캡처할 언어를 선택합니다. 영어는 필기도 인식합니다.

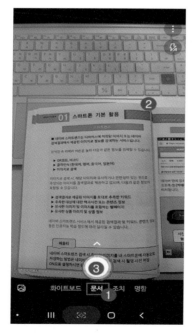

1️⃣ ①[읽기]를 선택해서 텍스트를 캡처하면 텍스트를 읽어줍니다. 2️⃣ ①많이 사용하는 [문서]를 선택합니다. 캡처할 텍스트가 주황색 틀안에 들어가게 조절합니다. ③셔터를 터치해서 캡처합니다. 3️⃣ ①사각틀의 면과 점을 움직여서 재조정을 합니다. ②[확인]을 터치합니다.

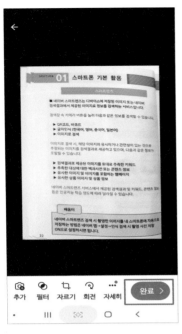
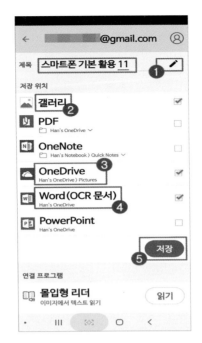

1️⃣ 텍스트 추가, 필터, 자르기, 회전 등의 추가기능을 할 수 있습니다. [완료]를 터치합니다.

2️⃣ ①연필 아이콘을 터치해서 문서의 제목을 입력합니다. 문서를 저장할 위치를 선택합니다.
②[갤러리] ③ [One Drive] ④[Word(OCR 문서)]를 선택합니다. ⑤[저장]을 터치합니다.

3️⃣ [내파일]로 이동되어서 저장된 것을 보여줍니다. ①Word 문서를 터치합니다.

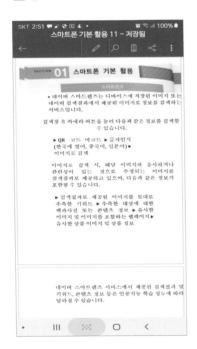
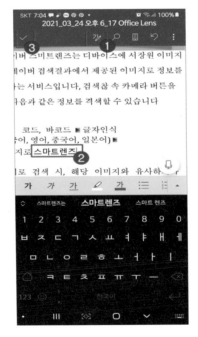
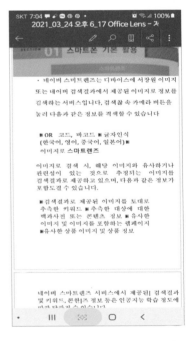

1️⃣ 문서를 편집하기 위해서 연필 아이콘을 터치합니다. 2️⃣ ①서식 편집이나 주석추가를 하기위해 터치합니다. ②텍스트를 추가입력하고 수정할 수 있습니다. 글씨체, 서식등을 변경할 수 있습니다.

3️⃣ 공유 아이콘을 터치합니다.

 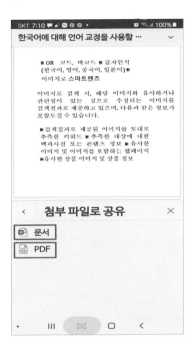 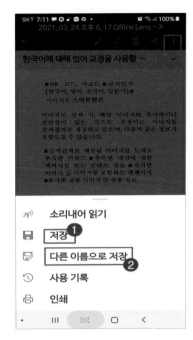

1️⃣ 링크 및 첨부 파일로 공유가 가능합니다. 2️⃣ 편집 가능한 문서 및 PDF로 선택할수 있습니다.

이후 카톡이나 메일로 공유할 수 있습니다. 3️⃣ 상단의 [더보기]를 터치합니다.

①현재 이름으로 저장하거나 ②다른 이름으로 저장할 수 있습니다.

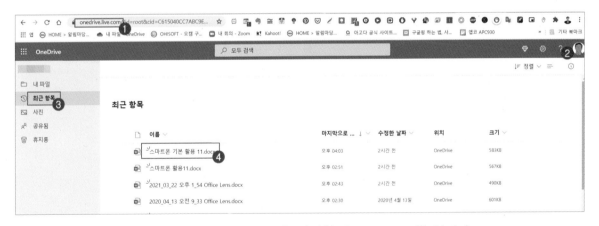

1️⃣ ①PC 주소창에 [onedrive.live.com]을 입력하여 OneDrive를 엽니다.

②프로필 사진을 클릭하여 스마트폰의 [마이크로소프트 렌즈]와 같은 계정으로 로그인을 합니다.

③[최근 항목]이나 [공유됨]을 클릭합니다.

④마이크로소프트 렌즈에서 스캔하여 공유하여 저장한 파일을 클릭합니다.

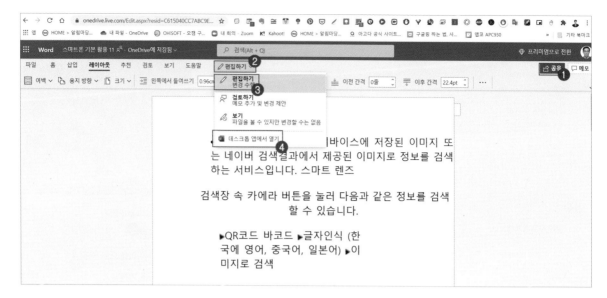

1 ①[공유]를 클릭해서 다른 곳으로 공유할 수 있습니다.

②[편집하기]를 클릭합니다.

③[편집하기 변경수정]을 클릭하면 텍스트를 편집하고 추가할 수 있습니다.

④[데스크톱 앱에서 열기]를 클릭하면 바로 Word에서 같은 텍스트를 편집할 수 있습니다.

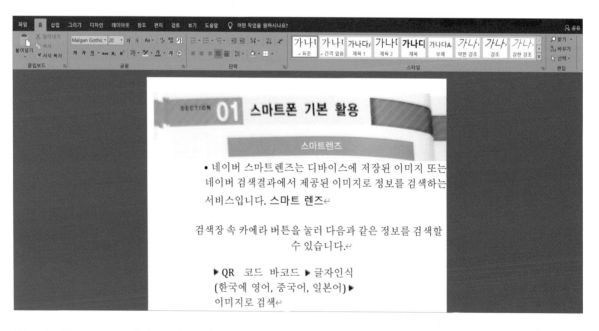

1 바로 [Word]에서 수정, 편집을 할 수 있습니다.

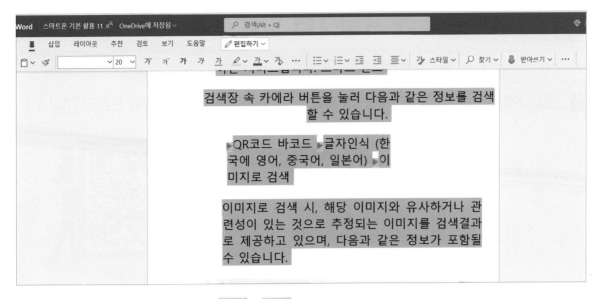

1 [Word]에서 텍스트를 캡처(**Ctrl** + **C**)하고 [**한글**]을 엽니다.

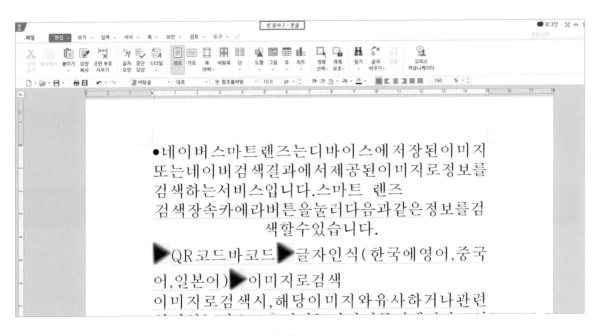

1 [**한글**] 화면에 텍스트를 복사(**Ctrl** + **V**)해서 수정 편집을 할 수가 있습니다.

12강 ‖ 화면 녹화 프로그램 활용하기

1 오캠 – PC를 통해서 모니터에 플레이되는 영상을 녹화할 수 있는 녹화 프로그램입니다.

스캔하시면 관련 영상을
시청하실 수 있습니다.

[오캠] 프로그램의 장점

⚙ 쉽고 간편한 녹화, 원클릭 녹화 시작 및 녹화종료

⚙ 마우스 드래그하여 크기조절 기능, 녹화영역 이동

⚙ 지능적으로 녹화영역을 자동 검색, 간편한 단축키 설정

[오캠] 프로그램의 활용

⚙ 온라인 게임과 인터넷 영상을 효과적으로 녹화할 수 있습니다.

⚙ 다양한 포맷으로 제한 없는 길이의 녹화를 안정적으로 진행할 수 있습니다.

⚙ GIF(움짤) 녹화 기능 및 전문 게임 녹화 기능이 내장되어 있으며 웹캠 녹화기능이 포함되어
있습니다.

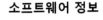

소프트웨어 정보

오캠(oCam)
한글/영어 | 프리웨어
Windows | 9MB

상세보기

스팟 마우스(Spot...
한글 | 프리웨어
Windows

상세보기

| 소프트웨어 정보는 업데이트로 인해 변경될 수 있습니다.   소프트웨어 정보 더보기 🖳

 ohsoft.net

오소프트 ⊕번역보기

오캠 · 버추얼DVD · 비밀폴더 · 고객센터

오캠은 세상에서 가장 편리한 화면녹화 프로그램이며, 게임 화면, 웹캠 영상 등도 동영상으로 녹화할 수 있는 게임 및 화면 녹화 프로그램입니다. 비밀폴더, 가상드라이브도 사용해보세요.

1 프로그램 설치를 위해 ①네이버에서 [**오캠**]을 검색합니다. ②[**네이버 소프트웨어**] 자료실 또는 [**오소프트 ohsoft.net**] 홈페이지에서 오캠 프로그램을 다운로드합니다.

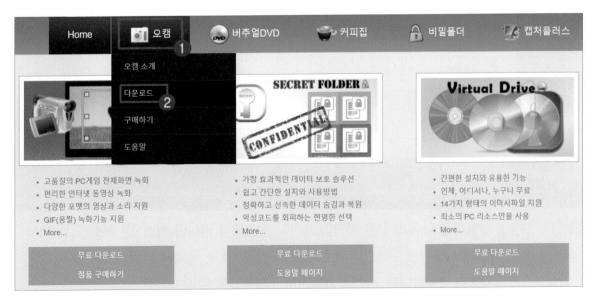

1 오캠 홈페이지 상단 메뉴에서 ①[**오캠**]을 클릭하고 ②[**다운로드**]를 선택합니다.

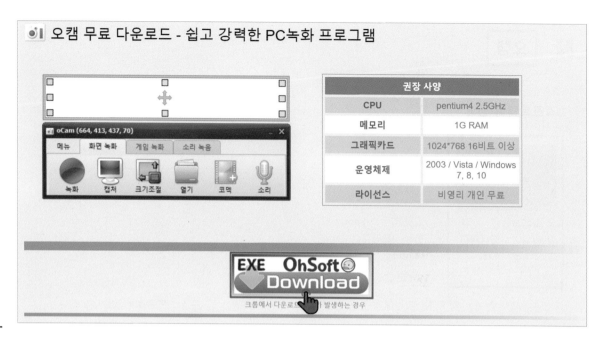

오캠 무료 다운로드 - 쉽고 강력한 PC녹화 프로그램

권장 사양	
CPU	pentium4 2.5GHz
메모리	1G RAM
그래픽카드	1024*768 16비트 이상
운영체제	2003 / Vista / Windows 7, 8, 10
라이선스	비영리 개인 무료

EXE OhSoft☺
Download

크롬에서 다운로드 ○ 가 발생하는 경우

1️⃣ 오캠 프로그램 다운로드를 위해 [EXE OhSoft Download]을 클릭하여 다운로드 후 실행 합니다.

1️⃣ 프로그램을 실행하면 다음과 같은 화면이 보이며, [**초록색 커다란 박스**]는 녹화 또는 캡처 영역입니다. [**조그만 네모**]를 드래그하여 크기 조절 할 수 있고, 영역을 이동하고자 할 때 중앙 [**화살표**]를 클릭하여 이동합니다. 크기를 세밀하게 조절하고자 할 때는 [**Ctrl** + **Shift** + **방향키**]를 활용하여 조정할 수 있습니다.

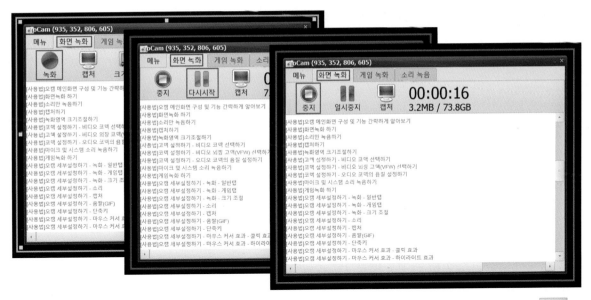

1 ①화면녹화를 위해 [**녹화**] 버튼을 누르면 녹화영역이 빨간색으로 변합니다. (단축키 -> F2)
②녹화 중에 [**일시 중지**] 버튼을 클릭하면 녹화영역이 파란색으로 바뀝니다. (단축키 -> Shift + F2) ③녹화 중지는 [**중지**] 버튼을 클릭하면 녹화영역이 초록색으로 변합니다. (단축키 -> F2)

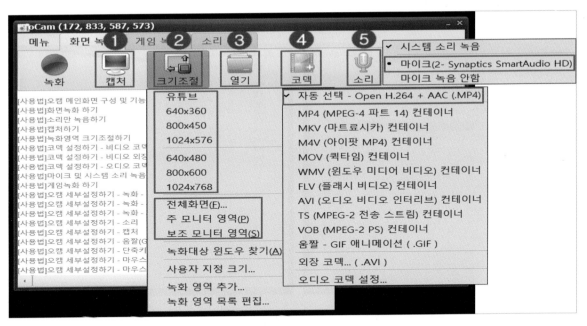

1 ①화면을 캡처하고자 할 때 [**캡처**]를 클릭합니다. ②녹화영역 [**크기 조절**]은 **YouTube**와 전체
화면 등 원하는 크기를 선택할 수 있으며, 전체화면에서 듀얼 모니터를 사용 시 '주 모니터 영역',
'보조 모니터 영역'을 선택하여 녹화 할 수 있습니다. ③녹화 완료 영상은 [**열기**]를 터치하면
[**문서 -> oCam**] 폴더에서 녹화 영상을 확인 할 수 있습니다. ④[**코덱**]은 오캠에서 녹화 버튼을
누를 때 녹화할 코덱이 설정됩니다. [**자동 선택**]을 선택합니다. 녹화 전에 ⑤[**소리**]에서 마이크
선택이 잘 되어 있는지 확인합니다.

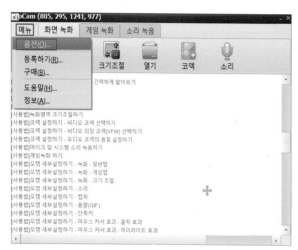
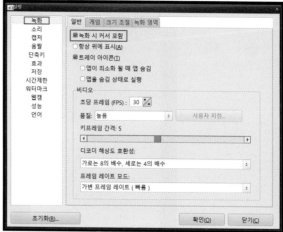

1 오캠에서 다양한 설정을 위해 [메뉴]를 클릭하고 [옵션]을 선택합니다.

2 [녹화]에서 [녹화 시 커서 포함]을 체크하면 녹화 시 마우스 커서가 보입니다.

[트레이 아이콘]은 오캠 앱 화면 최소화, 숨김 상태로 실행할 수 있습니다. 비디오에서

[초당 프레임], [품질], [키 프레임 간격] 등을 설정합니다.

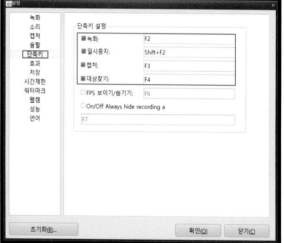

1 [캡처]는 이미지 캡처할 때 [마우스 커서 포함]을 원한다면 체크를 합니다.

[캡처 시 이미지 파일 형식]은 [PNG]로 선택합니다.

2 [단축키]는 기본 설정으로 녹화 - **F2** , 일시 중지 - **Shift** + **F2** , 캡처 - **F3** 설정되어 있으며 단축키 변경도 할 수 있습니다. 녹화 시 단축키를 활용하면 유용합니다.

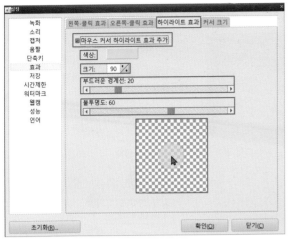

1️⃣ [효과]는 마우스 클릭 시 나타나는 효과와 크기를 설정할 수 있습니다. [하이라이트 효과]
에서 [마우스 커서 하이라이트 효과 추가]를 체크하고 [색상], [크기]를 조정합니다.
상단 메뉴에서 [커서 크기] 조절도 할 수 있습니다.

2️⃣ [저장]은 녹화한 영상이 저장되는 [저장 경로]와 [파일 이름]을 설정할 수 있습니다.

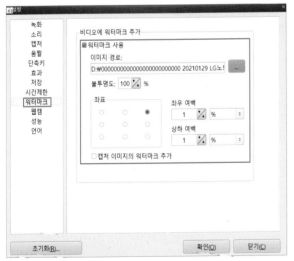
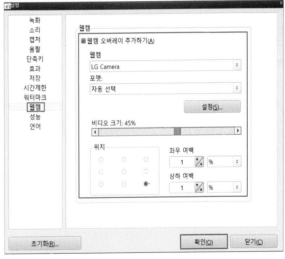

1️⃣ [워터마크]를 사용하고자 할 때 [워터마크 사용]을 체크하고 [이미지 경로]를 클릭하여
이미지를 불러옵니다. [좌표]에서 원하는 위치를 선택하고 [좌우 / 상하 여백] 조절합니다.

2️⃣ [웹캠]을 사용하고자 할 때 [웹캠 오버레이 추가하기]를 체크하고 [웹캠]을 선택 후
[비디오 크기], [위치], [좌우 / 상하 여백]을 조절합니다.

💬 스마트폰에서 어플 다운 받지 않고 [화면 녹화] 기능 활용하기-삼성폰

  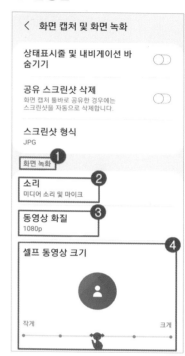

1️⃣ 스마트폰 [**상태 알림 줄**]을 내려서 [**퀵패널**]로 이동합니다.

2️⃣ 화면 녹화하기 위해 [**화면 녹화**]를 길게 터치하여 설정합니다.

3️⃣ ①[**화면 녹화**]에서 ②[**소리**]를 터치하여 '미디어 소리' 영상의 소리만 녹화할 때, '미디어 소리 및 마이크' 영상 소리와 나의 목소리까지 녹화할 때 선택합니다. ③[**동영상 화질**]를 선택하고 ④[**셀프 동영상 크기**]를 좌우로 이동하여 조절합니다.

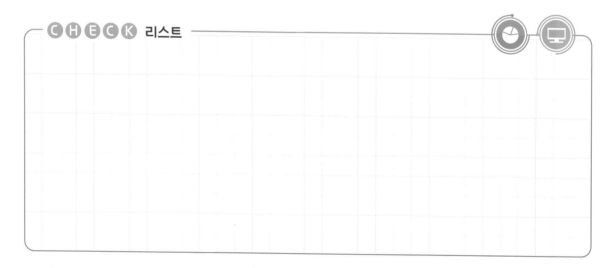

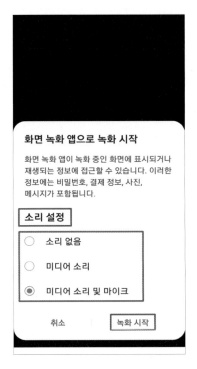  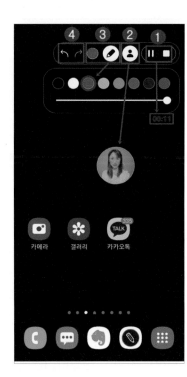

스마트한 강사가 되고 싶으신가요 시리즈 1, 2

1️⃣ 녹화 시작을 위해 원하는 [**소리 설정**]을 선택하고 [**녹화 시작**]를 터치합니다.

2️⃣ 카운트다운 [**3, 2, 1**] 후 녹화가 시작됩니다. 3️⃣ 상단에 플로팅바가 나타나며

①녹화 일시 중지 [**II**], 녹화 중지 [**■**] 버튼과 [**녹화 시간**] 표시, ②[**사람 아이콘**]은 내 모습을 추가할 때, ③[**메모기능**]은 메모할 때, 메모 수정은 ④[**되돌리기, 앞으로 되돌리기**]를 활용할 수 있습니다. 녹화된 영상은 갤러리 [**화면 녹화 파일**] 폴더에 저장됩니다.

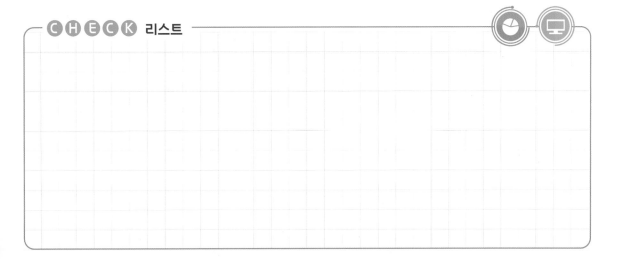

CHECK 리스트

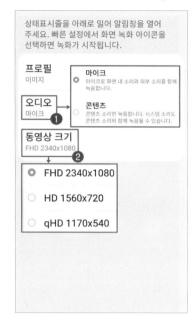
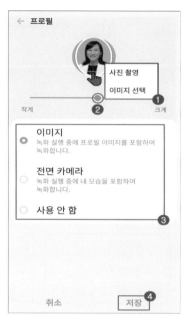

1 스마트폰 [**상태 알림 줄**]을 내리면 [**퀵패널**]이 나타납니다. 화면 녹화 설정을 위해 [**화면 녹화**]를 길게 터치합니다. **2** ①[**오디오**]와 ②[**동영상 크기**]를 설정합니다. **3** [**프로필**]을 활용하고자 할 때 ①[**이미지 선택**]을 한 후 ②[**프로필 사이즈 조절**]을 합니다. ③[**전면 카메라**]는 녹화할 때 내 모습까지 녹화 할 수 있습니다. 설정 완료 후 ④[**저장**]을 터치합니다.

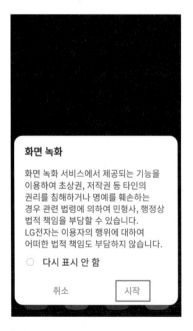

1 화면 녹화를 위해 [**시작**]을 터치합니다. **2** 카운트다운 [3, 2, 1] 후 녹화가 시작됩니다.
3 ①[**녹화 시간**]을 확인 할 수 있고, 프로필 ②[**이미지**]는 드래그하여 원하는 위치로 이동할 수 있습니다. 녹화된 영상은 [Recorded videos] 폴더에 저장됩니다.

13강 ‖ 동영상 편집 프로그램 활용하기(PC, 스마트폰)

1 동영상 편집 프로그램 파워디렉터

스캔하시면 관련 영상을
시청하실 수 있습니다.

YouTube로 인해 동영상편집 프로그램이 인기가 많은데요. 주로 전문가는 프리미엄, 소니의 베가스, 애플사의 파이널킷 프로 등 프로그램이 있는데 이 프로그램은 기능들은 많은데 유료 프로그램이며 YouTube의 초보자로는 좀 어렵습니다.

그리고 무료 편집기도 있지만, 시간제한이 있고 워터마크가 있어서 사용하기가 그렇지만 파워디렉터 프로그램은 기본적인 기능 많고 자막효과도 다양하며 시간제한도 없고 워터마크도 없으며 초보자가 사용하기에 편한 프로그램입니다. 파워디렉터 버전 중에서 무료 버전인 파워디렉터15 대해서 알아보겠습니다.

💬 파워디렉터15 다운로드

1 ①인터넷 네이버 검색창에서 [네이버자료실]을 검색합니다.

②검색된 목록에서 [네이버 소프트웨어]를 클릭합니다.

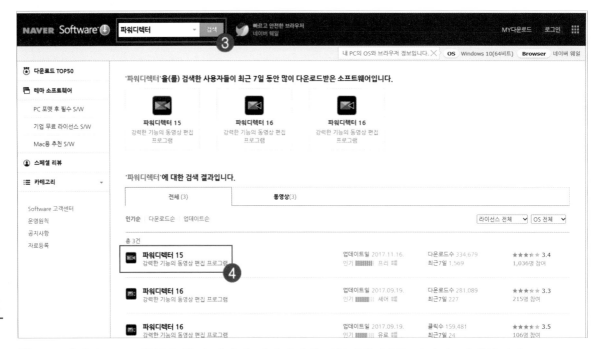

1 ③[**네이버 소프트웨어**] 창의 상단에 검색란에 [**파워디렉터**]를 입력 후 검색합니다.

④검색 결과 목록에서 [**파워디렉터 15**]를 클릭합니다.

1 ⑤다운로드 창에서 [**무료다운로드**]를 클릭합니다. **2** ⑥[**다운로드**]를 클릭합니다.

⑦마지막으로 [**다운로드**]를 클릭합니다. ⑧저장 위치는 [**바탕화면**]으로 해서 저장합니다.

💬 제품키 복사하기

1️⃣ ①다운로드 받은 창에서 하단을 보면 제품키가 있습니다.
②제품키를 마우스로 드래그한 후 오른쪽 마우스를 클릭해서 [복사]를 클릭합니다.

➡️ 프로그램 설치할 때 제품키를 사용하기 위한 작업입니다.

💬 파워디렉터15 설치하기

💬 바탕화면에서 저장된 프로그램을 더블클릭해서 설치를 해줍니다.

1️⃣ 설치화면이 나오면 [시작단추]를 클릭합니다. 2️⃣ [지금 설치]를 클릭합니다.

💬 설치 마법사 시작

1️⃣ ①언어선택, 설치 폴더 위치를 확인 후 [다음]을 클릭합니다.
②[사용권 계약 동의] 화면에서 [동의함]을 클릭합니다.

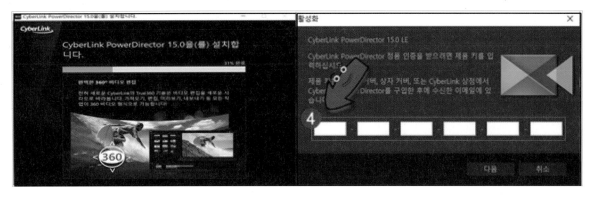

💬 **설치가 끝나면 제품키를 넣는 화면이 나옵니다.**

① ④프로그램 활성화창에서 제품키 입력란에 [**Ctrl** + V]를 눌러 붙여넣기를 합니다.
(앞에 복사해둔 제품키를 붙여 넣습니다.)

➡ **바탕화면에 바로가기 아이콘 [PowerDiretor]를 더블클릭합니다.**

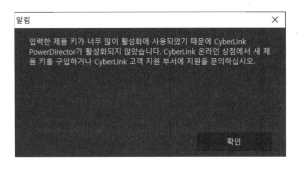

💬 **입력한 제품키가 너무 많아 활성화 되어 정품인증이 되지 않는다는 메시지가 나옵니다.**
[**확인**]을 눌러 줍니다.

그 이유는 많은 사람들이 하나의 제품키를 사용하다보니 정품 인증 서버에서 승인을 내주지 않아 생기는 문제인데, 이 인증을 로컬 (자신)로 돌리면 정품 인증이 가능합니다.

💬 **레지스트리 편집에서 정품인증하기**

위 오류를 수정하기 위해서는 레지스트리에서 정품 인증을 해주어야 가능합니다.

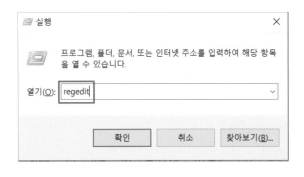

⊞ + R을 눌러 [regedit]를 입력한 후 [**확인**]을 클릭합니다.

➡ **레지스트리 편집기 단축키입니다.**

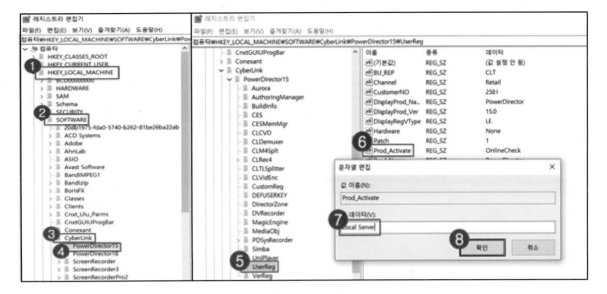

1 ①레지스트리 편집기에서 [HKEY_LOCAL-MACHINE]를 클릭합니다.

②하위 트리에서 [SOFTWARE]를 클릭합니다.

③[CyberLink]를 클릭합니다. ④[PowerDirectro15]를 클릭합니다.

⑤[UserReg]를 클릭합니다.

➡ 즉 경로는 이렇습니다.

₩HKEY_LOCAL-MACHINE₩SOFTWARE₩CyberLink₩PowerDirectro15₩UserReg

⑥오른쪽 창에서 [Prod_Activate]키를 더블클릭 하여 문자열 편집에서 입력되어 있는 값

데이터인 [onlineCheck]를 삭제하고 [Local Server]를 입력한 후

⑦[확인] 버튼을 클릭합니다.

➡ 레지스트리 편집기에서 정품 인증 절차를 하고 프로그램을 실행하면 정상적으로 실행이 됩니다.

CHECK 리스트

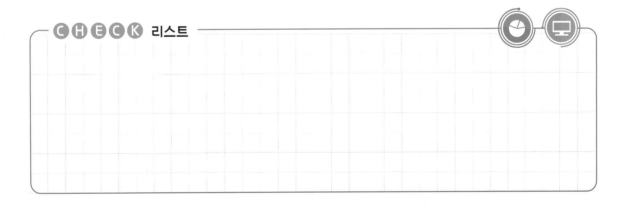

파워디렉터 실행하기

1 ①"시작 시 항상 최대 기능 편집기를 사용하십시오"를 체크합니다.

②[**최대 기능 편집기**]를 클릭합니다.

➡ 다음 실행 할 때부터는 위 화면은 나오지 않습니다.

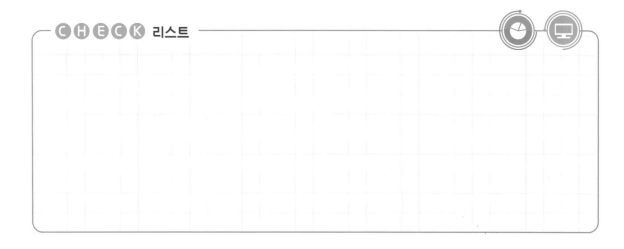

CHECK 리스트

💬 파워디렉터 화면 구성

스마트한 강사가 되고 싶으신가요 시리즈 1, 2

1 ①**룸 메뉴 -** 편집할 때 다양한 효과 적용을 위한 것입니다.

▶ **미디어 룸 -** 영상에 포함되는 다양한 비디오, 오디오, 포토, 그림 등 다양한 요소들을 목록으로 살펴보고, 타임라인에 추가하거나, 삭제하는 등 다양한 액션을 취할 수 있는 영역입니다.

▶ **효과 룸 -** 화면에 특별한 효과를 주고자 할 때 사용하게 되는 다양한 효과들이 모여 있는 효과 룸 입니다. 적용 하고자 하는 효과를 끌어서 타임라인의 효과 영역에 추가하면 바로 적용이 가능합니다.

▶ **개체(PiP) 룸 -** PiP는 Picture In Picture의 준말로, 다양한 이미지 요소들을 함께 활용하여, 움직임을 더해 더욱 액티비티한 영상을 제작 할 수 있도록 도움을 주는 요소입니다,

▶ **입자 룸 -** 입자 디자이너를 통해 직접 입자 템플릿을 제작할 수 있으며, DirectorZone을 통해 파워디렉터를 활용하는 디자이너들이 업로드 해 둔 다양한 입자 템플릿을 다운로드 받아 활용할 수도 있습니다.

▶ **타이틀 룸 -** 영상 위에 내용을 강조하기 위한 제목 또는 간단한 자막을 추가할 수 있는 타이틀 룸입니다. 다양한 자막 템플릿이 기본적으로 내장되어 있으며 별도의 타이틀 디자이너를 통해 자신만의 타이틀 템릿을 제작할 수 있습니다. 이 또한 DirectorZone을 통해 많은 디자이너들이 제작해 둔 다양한 타이틀 템플릿을 다운로드 받아 활용할 수 있습니다.

▶ **전환 룸 -** 영상의 등장, 마무리, 전환 등의 효과를 추가할 수 있는 효과 룸, 오디어 미싱 룸 타임 라인에 추가된 다양한 오디오 트랙의 볼륨을 각각 제어할 수 있는 오디오 믹싱 룸입니다. 장면에 따라 점점 소리가 커져야 하거나, 줄어들어야 하는 등의 오디오 편집 작업에 많이 활용됩니다.

▶ **음성 해설 녹음 룸 -** 영상에 실시간으로 음성 나레이션을 추가해야 할 때 많이 사용하는, 음성 해석 녹음 룸입니다.

▶ **챕터 룸 -** 영상 속 컷의 부제 또는 사건을 요약하여 메모해두면, MP4 영상으로 제작 할 시 시청자가 지정된 챕터로 손쉽게 뛰어넘으며 영상을 시청 할 수 있게 됩니다.

▶ **자막 룸 -** 영상을 실시간으로 재생하며 자막을 제작할 수 있는 자막 룸 등이 있습니다.

②라이브러리(파일 도서관 및 윈도 탐색기와 비슷) - 파일이 많을 때 감추고, 열기, 삭제 방법 등이 있습니다.

③타임라인 (편집 작업 공간) - 트랙과 미리보기 창(아래 트랙이 보임)과의 관계, 비디오와 오디오 트랙, 트랙 높이 조정 및 위치 조정, 바의 조정, 타이틀 트랙, fx 트랙 등 타임라인에서의 한 줄의 단위는 트랙이라고 표현하며, 세부적으로, 챕터 영역, 자막 영역, 비디오 트랙, 오디오 트랙, 효과 트랙, 타이틀 트랙, 음성 트랙, 음악 트랙 등 8가지의 구조로 표현되게 됩니다.

④미리보기창(편집 내용) - 프레임, 미리보기 품질, 캡처(카메라 모양), 미리보기 창=맞춤 또는 크게 작게하는 기능이 있습니다.

⑤16:9 화면, 4:3 화면 => 타임라인 모드, 스토리보드 모드, 슬라이드 쇼 작성시 지정합니다.

⑥모듈(기능 편집기) - 편집, 제작, 디스크 만들기 등

CHECK 리스트

💬 동영상 자르기 편집(컷편집)

녹화한 영상을 가져와서 불필요한 부분은 자르고 편집을 해서 영상으로 제작하는 방법입니다.

💬 영상 불러오기

1️⃣ ①미디어 가져오기 버튼을 클릭합니다. 2️⃣ ②[**미디어 파일 가져오기**]를 클릭합니다.
③영상이 있는 폴더에서 영상을 클릭합니다 3️⃣ ④[**열기**]를 클릭합니다.

➡ 다른 방법은 영상이 있는 폴더를 실행해서 영상을 드래그해서 타임라인에 가져다 놓으면 됩니다.

💬 타임 라인 확대 / 축소

편집을 할 때 미세한 작업을 위해서 타임라인의 영상이나 사진을 늘렸다, 줄였다 할 때 사용합니다.

➡ 또 다른 방법은 [**Ctrl** 키를 누른 상태에서 마우스 휠]을 위, 아래로 움직이면 확대, 축소가
됩니다.

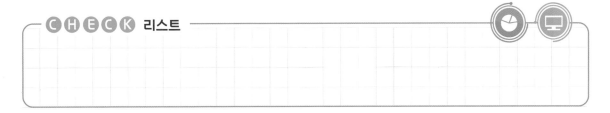

ⓒⒽⒺⒸⓀ 리스트

💬 영상이나 사진의 길이 조절

영상이나 사진의 양끝이의 길이를 조절하고자 할 때 사용합니다.

1 길이를 조절하고자 하는 영상을 클릭한 후 양 끝에 마우스를 가져다 놓으면 양쪽 화살표가 나옵니다. 그럴 때 좌, 우로 움직여서 길이를 조절할 수 있습니다.

💬 영상 자르기

1 ①분할 하고자 하는 영상을 클릭한 후 [재생헤드]를 분할 하고자 하는 곳에 끌어다 놓습니다 ②상단에 [분할] 버튼을 누릅니다 (단축키로는 **Ctrl** + **T** 를 눌러도 됩니다.)

💬 분할한 영상 삭제하기

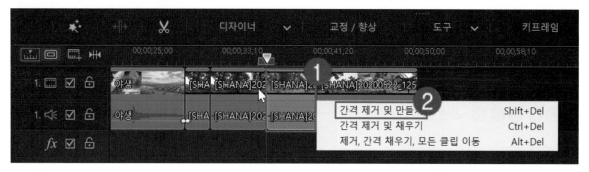

1 ①분할한 영상을 클릭합니다 **2** ②[**Del**]키를 누릅니다. [**간격 제거 및 채우기**]를 누릅니다.

💬 영상 자르기 방식 3가지

💬 간격 제거 및 만들기 (Shift + Del)
해당 영상을 삭제하고 빈칸은 그대로 둘 때

💬 간격 제거 및 채우기 (Ctrl + Del)
해당 영상을 삭제하고 빈칸을 다음 영상으로 채움

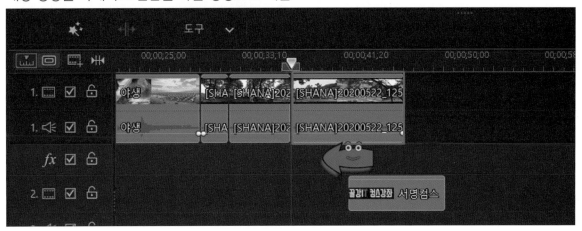

💬 제거, 간격 채우기, 모든 클립 이동 (Alt + Del)
해당 영상을 삭제하고 빈칸을 채우고, 뒤쪽에 있는 모든 클립을 다 앞으로 끌어올 때

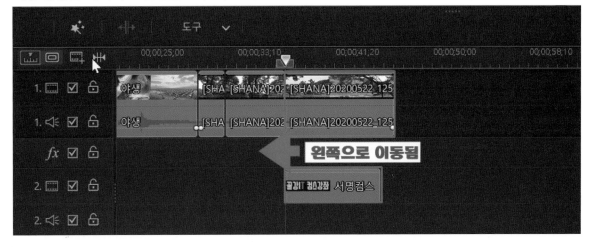

💬 동영상 저장하기

1 ①상단에 [제작]을 클릭합니다.

②파일 형식 중에서 H.264를 선택합니다.

③1280 * 720/24p (16Mbps) 또는 1280 * 720/30p (16Mbps)정도를 선택합니다.

(무료 버전이므로 여기까지만 선택이 가능합니다.)

④영상을 저장할 장소를 [...]를 눌러 선택해 줍니다.

⑤[시작] 버튼을 누르면 동영상으로 저장이 됩니다.

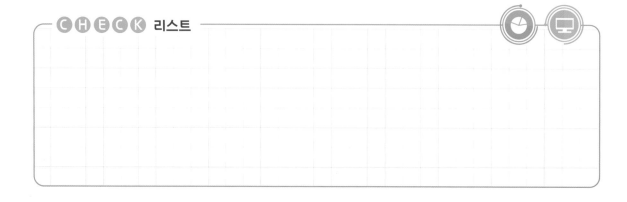

뉴미디어 마케팅 교육 및 출판 전문 기관 SNS소통연구소

❷ 동영상 편집 앱 키네마스터

💬 **스마트폰에 최적화된 동영상 편집기**

스캔하시면 관련 영상을
시청하실 수 있습니다.

[특징]

- 🎛️ 멀티 에이어, 혼합모드, 속도 조절, 전문가 수준의 오디오 기능, 크로마키, 음성녹음 등 다양한 기능을 이용하여 멋진 영상을 만들 수 있습니다.

- 🎛️ 직관적인 편집, 실시간 미리 보기, 멀티 트랙 오디오

- 🎛️ 미디어와 레이어의 미디어, 음성, 오디오의 각각의 길이를 조절할 수 있습니다.

[장점]

- 🎛️ 사용자 입장에서 편하게 사용할 수 있게 하는 디자인으로 직관적이고 쉬워서 누구나 쉽게 만들 수 있습니다.

- 🎛️ 무료로 **앱(App)**을 쉽게 사용할 수 있습니다.

- 🎛️ 거의 모든 기능을 무료로 사용할 수 있습니다.

- 🎛️ [**에셋 스토어**]라는 스토어 안에서 장면전환, 폰트, 스티커, 음악, 효과 등을 저작권 없이 갖다 쓸 수 있습니다.

💬 키네마스터 초기 화면 구성

1 ①[TikTok 열기] : 프로필 만들기, 다른 계정 팔로우, 나만의 동영상 제작 등을 틱톡에서 할 수 있습니다.

②새 프로젝트 만들기, 프로젝트 실행

③[키네마스터 커뮤니티] : 키네마스터 회사에서 제공하는 동영상이나 회원들이 동영상을 올려 놓은 곳

④[설정] : 키네마스터 정보나 편집 초기 설정하는 곳

⑤[도움말] : 키네마스터에 대한 도움말이나 이메일 문의를 할 수 있는 곳

⑥[단계적 동영상 만들기] : 초보들을 위해 간단하게 영상을 만들 수 있도록 하는 곳

💬 [화면 비율] 선택하기

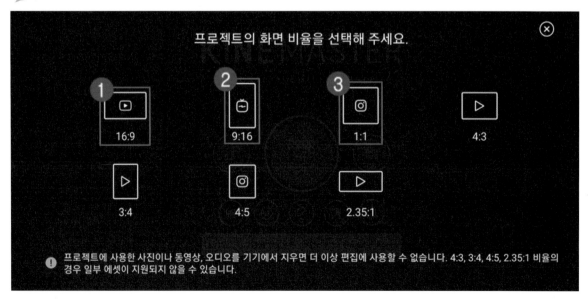

①와이드 영상을 구현하려면 [16:9] 1920 * 1080 (사람들이 가장 많이 사용)

②특별한 경우가 아니면 사용하지 않음 [9:16]

③인스타그램이나 페이스북에 올리고자할 때 [1:1]

💬 프로젝트 초기 화면 구성

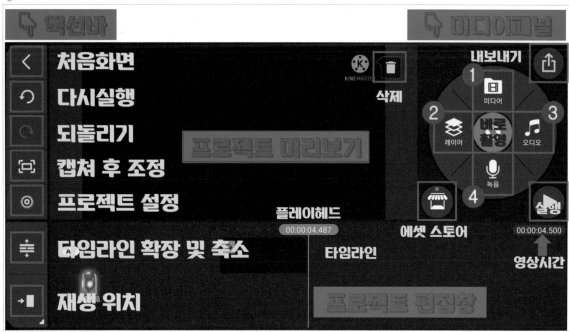

💬 미디어 패널

1 ①[미디어] : 스마트폰에 저장된 영상이나 사진을 추가로 불러옵니다.

②[레이어] : 각종 효과를 적용할 수 있습니다(미디어, 효과, 텍스트, 오버레이, 손글씨).

③[오디오] : 스마트폰에 저장된 음악을 불러옵니다(음악, 효과음 등).

④[녹음] : 영상에 소리를 녹음해서 추가합니다.

C H E C K 리스트

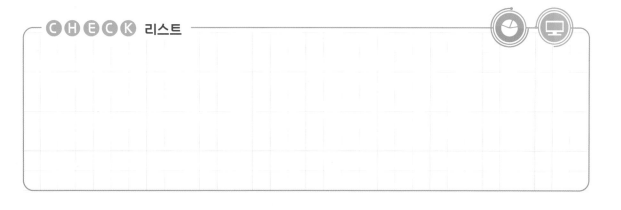

💬 동영상 불러와서 동영상 컷 편집하기

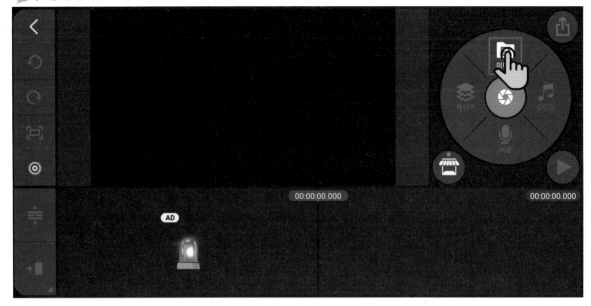

1 미디어 패널에서 [**미디어**]를 선택하여 동영상을 추가하여 시작합니다.

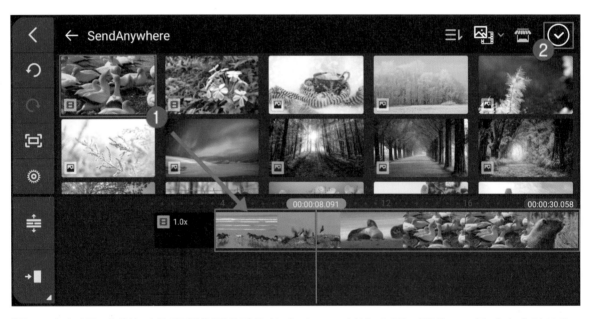

1 ①미디어를 선택하면 [**미디어브라우저**] 창이 나오고, 영상이 있는 앨범으로 들어가서 영상을
선택합니다. ②영상 선택이 끝나면 상단에 [✔]를 터치합니다.

💬 영상 컷 편집(트림 / 분할)

동영상에서 불필요한 부분을 잘라서 버리는 방법입니다.

① ①아래 동영상클립을 선택합니다(영상이나 사진에 노랗게 표시가 되면 선택된 것입니다).

②자르고자 하는 위치에 플레이헤드를 가져다 놓고 [**가위모양**]을 선택합니다.

➡ **가위를 선택하면 [트림 / 분할]을 할 수 있습니다.**

③[**플레이 헤드에서 분할**]을 선택합니다.

💬 트림 / 분할 메뉴

[**플레이헤드의 왼쪽을 트림**] : 플레이 헤드의 위치에서 왼쪽 영상이 잘려서 삭제가 됩니다.

[**플레이헤드의 오른쪽을 트림**] : 플레이 헤드의 위치에서 오른쪽 영상이 잘려서 삭제가 됩니다.

[**플레이헤드에서 분할**] : 화면은 그대로 있는데 영상이 두개로 분할이 되어 나타납니다.

[**분할 및 정지화면 삽입**] : 플레이헤드를 중심으로 중간에 사진이 캡처가 되어서 삽입이 되어 나타납니다.

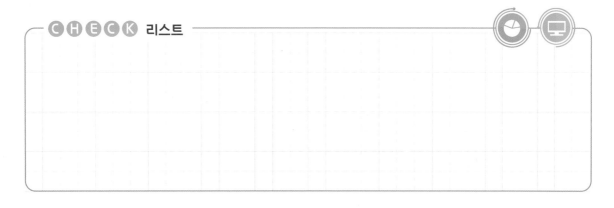

ⒸⒽⒺⒸⓀ 리스트

💬 내보내기

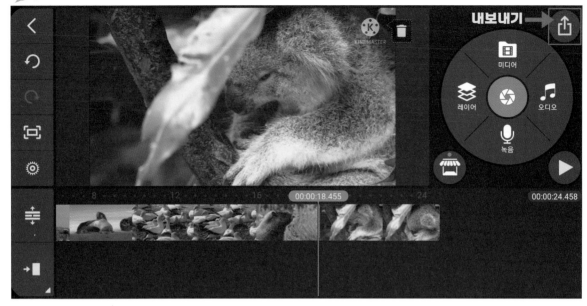

1️⃣ 프로젝트를 완성했으면 플레이 아이콘을 터치하여 최종 확인을 합니다.
확인을 마쳤으면 오른쪽 위에 있는 [내보내기]를 터치합니다.

1️⃣ 완성된 프로젝트들이 있는 곳입니다. 여기서 선택을 해서 수정할 수도 있습니다.

CHECK 리스트

뉴미디어 마케팅 교육 및 출판 전문 기관 SNS소통연구소

💬 프로젝트 제목 이름 변경하기

완성된 프로젝트 목록에서 수정할 프로젝트를 선택합니다.

1 ①프로젝트 편집을 할 수 있습니다.

②제목을 넣으려면 이곳을 터치하면 제목을 넣을 수 있습니다.

③재생합니다.

2 ④내보내기 및 공유, 저장합니다.

⑤프로젝트를 복제합니다.

⑥프로젝트를 삭제합니다.

➡ 내보내기가 끝나면 스마트폰 갤러리의 앨범 중에서 [Export]를 선택하여 확인하면 됩니다.

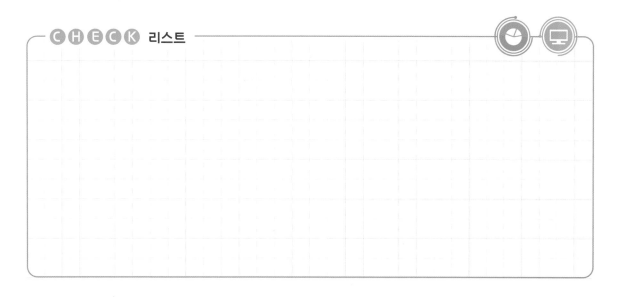

14강 │ 나만의 멋진 프로필 만들기

스캔하시면 관련 영상을
시청하실 수 있습니다.

💬 나만의 프로필만들기(PPT)

1️⃣ ①인터넷 검색창에 [Pinterest.co.kr]를 검색합니다. ②Pinterest 첫 화면 검색창에
[instagram 레이아웃]으로 검색합니다. ③원하는 템플릿을 클릭합니다.

④PPT에 활용하기 위해 [윈도우키 + Shift + S]를 눌러 화면캡처를 합니다.

1️⃣ 캡처한 이미지를 PPT로 가져오기 위해 ①PPT 슬라이드 위에 마우스를 우클릭하여 [메뉴 창]에 ②[그림 붙여넣기] 아이콘을 클릭하면 ③캡처한 이미지를 가져올 수 있습니다.

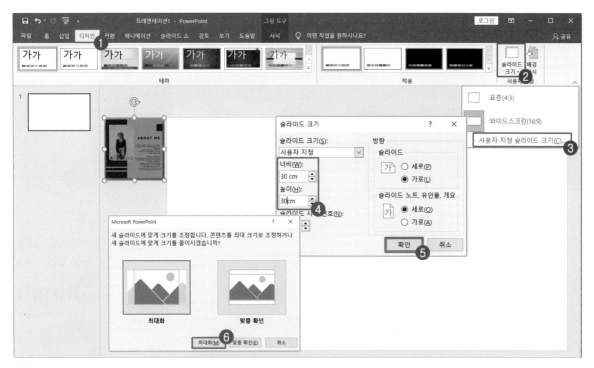

1️⃣ 캡처한 이미지와 같은 슬라이드 크기를 만들기 위해 ①[디자인] 탭을 클릭합니다.

②[슬라이드 크기]를 클릭 ③[사용자 지정 슬라이드 크기]를 클릭합니다.

④[너비와 높이]를 1:1로 입력 후 ⑤[확인]을 클릭하고 ⑥다음 창에서 [최대화]를 클릭합니다.

뉴미디어 마케팅 교육 및 출판 전문 기관 SNS소통연구소

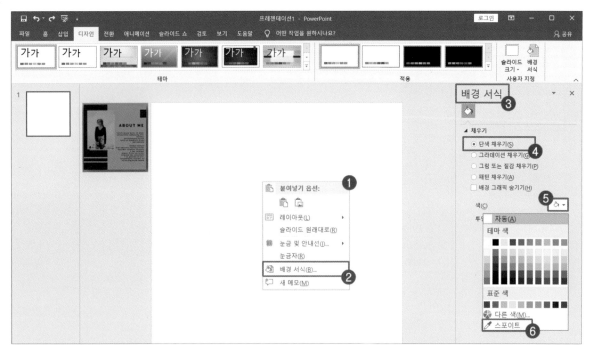

1 ①슬라이드 위에 마우스를 우클릭하여 [메뉴 창]을 열어 ②[배경 서식]을 클릭하면 ③우측에 [배경 서식 메뉴 창]이 나타납니다. ④[단색 채우기]를 클릭 ⑤[페인트 통]을 클릭 ⑥색상표에서 [스포이트]을 클릭하여 캡처 이미지에서 색상을 추출합니다.

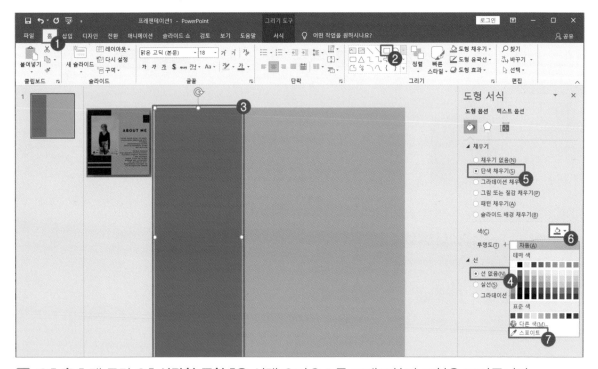

1 ①[홈] 탭 클릭 ②[사각형 도형]을 선택 ③마우스를 드래그하여 도형을 그려줍니다.
④도형이 선택된 상태에서 [선 없음]를 클릭 ⑤[단색채우기] 클릭 ⑥[페인트 통]을 클릭
⑦[스포이트]로 캡처 이미지 색상을 추출합니다.

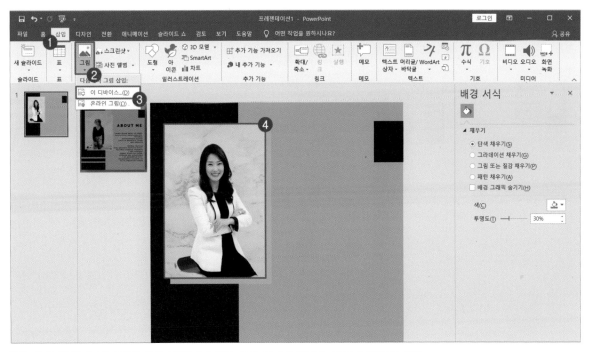

1 ①[**삽입**] 탭 클릭 ②[**그림**] 클릭 ③[**이 디바이스**]를 클릭합니다.
④작업에 필요한 [**이미지**]를 불러옵니다.

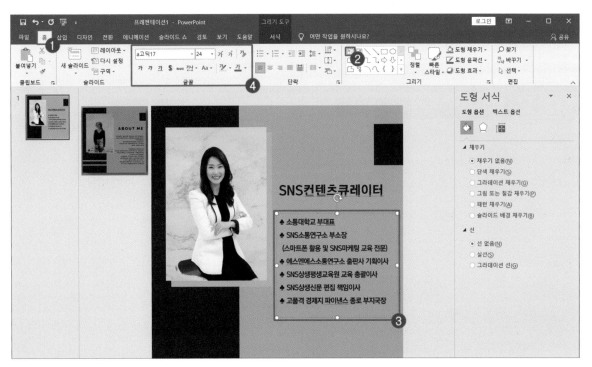

1 ①[**홈**] 탭 클릭 ②[**가로 텍스트 상자**] 클릭 ③텍스트를 입력합니다.
④글꼴 상자에서 [**폰트 모양, 폰트 크기, 폰트 효과, 폰트 색상**]을 편집할 수 있습니다.

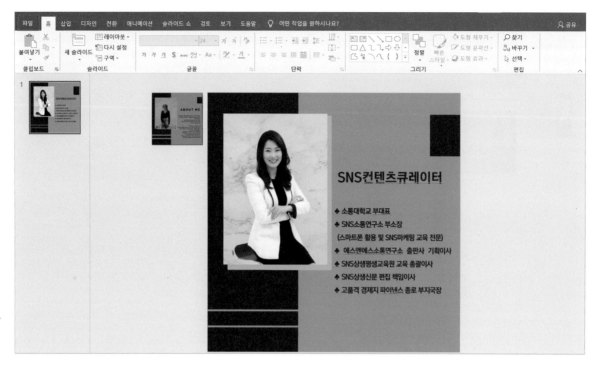

1 완성된 프로필은 [파일] 탭을 클릭하여 PNG 파일로 저장합니다.

💬 스크린형 프로필만들기(PPT)

1 ①슬라이드 크기 지정을 위해 [디자인]을 터치합니다.

②[슬라이드 크기] 사용자 지정 메뉴에서 원하는 슬라이드 크기를 선택할 수 있습니다.

③[와이드스크린]을 선택합니다. ④[확인]을 터치합니다.

1 ①[**삽입**] 탭에서 ②[**그림**]을 클릭하고 ③[**디바이스**]에서 이미지를 가져옵니다.

1 ①[**삽입**] 탭에서 ②[**도형**]을 클릭합니다.

③블록 화살표 하위 메뉴에 [**오각형 화살표**] 도형을 선택합니다.

1 ①드래그 하여 원하는 [**도형**]을 그려줍니다. ②[**노란색 점**]으로 도형의 모양을 잡아줍니다.
③도형을 클릭 후 [**도형 스타일**]에서 도형의 색상과 테두리 선을 지워 완성합니다.

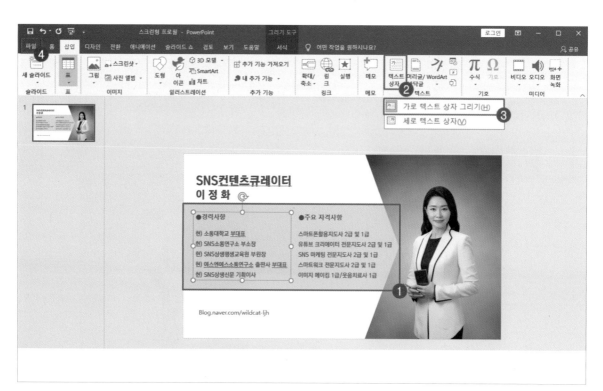

1 ①앞서 그린 도형을 클릭하여 `Ctrl` + `Shift` 를 누르고 복사 후 도형의 크기와 색상을 조절합니다.
②[**텍스트 상자**] 클릭 ③[**가로 텍스트 상자 그리기**]을 활용하여 원하는 문구를 입력합니다.
완성된 프로필은 ④[**파일**] 탭을 클릭하여 PNG 파일로 저장합니다.